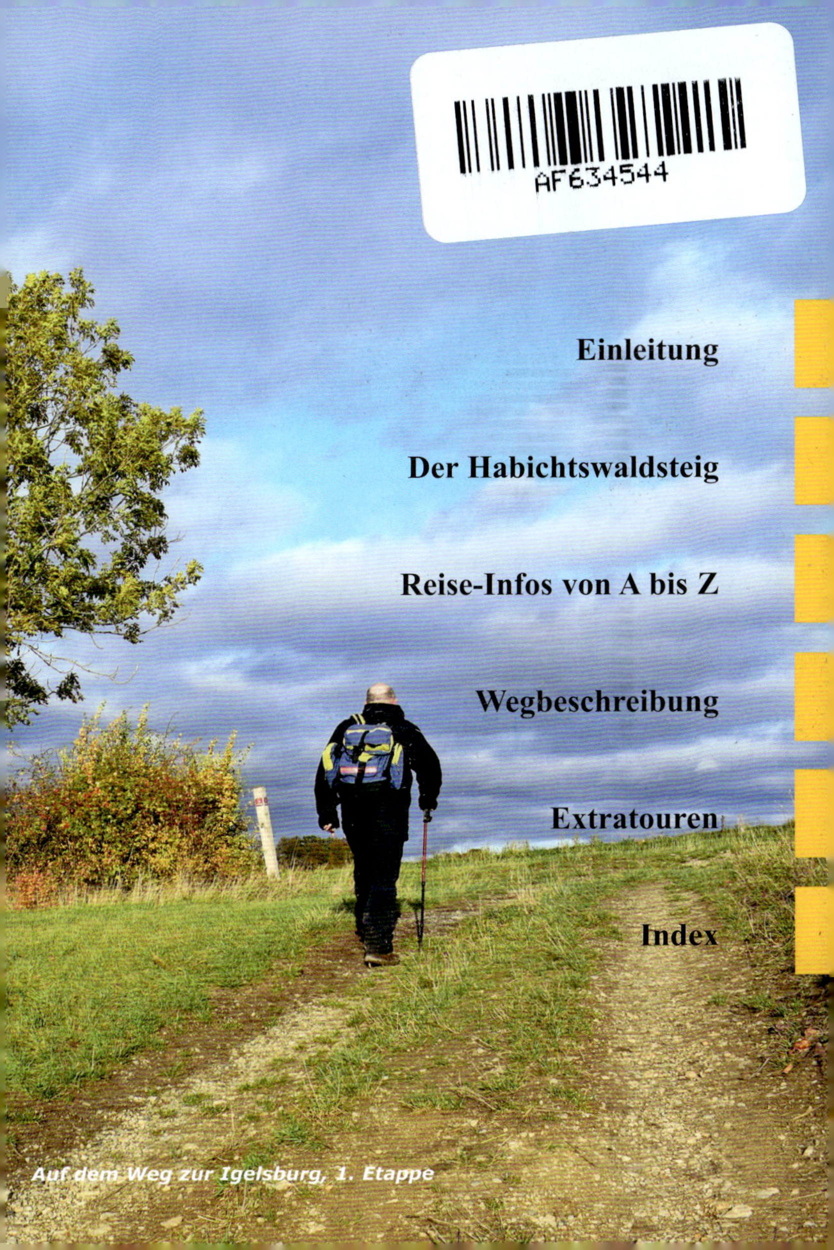

Einleitung

Der Habichtswaldsteig

Reise-Infos von A bis Z

Wegbeschreibung

Extratouren

Index

Auf dem Weg zur Igelsburg, 1. Etappe

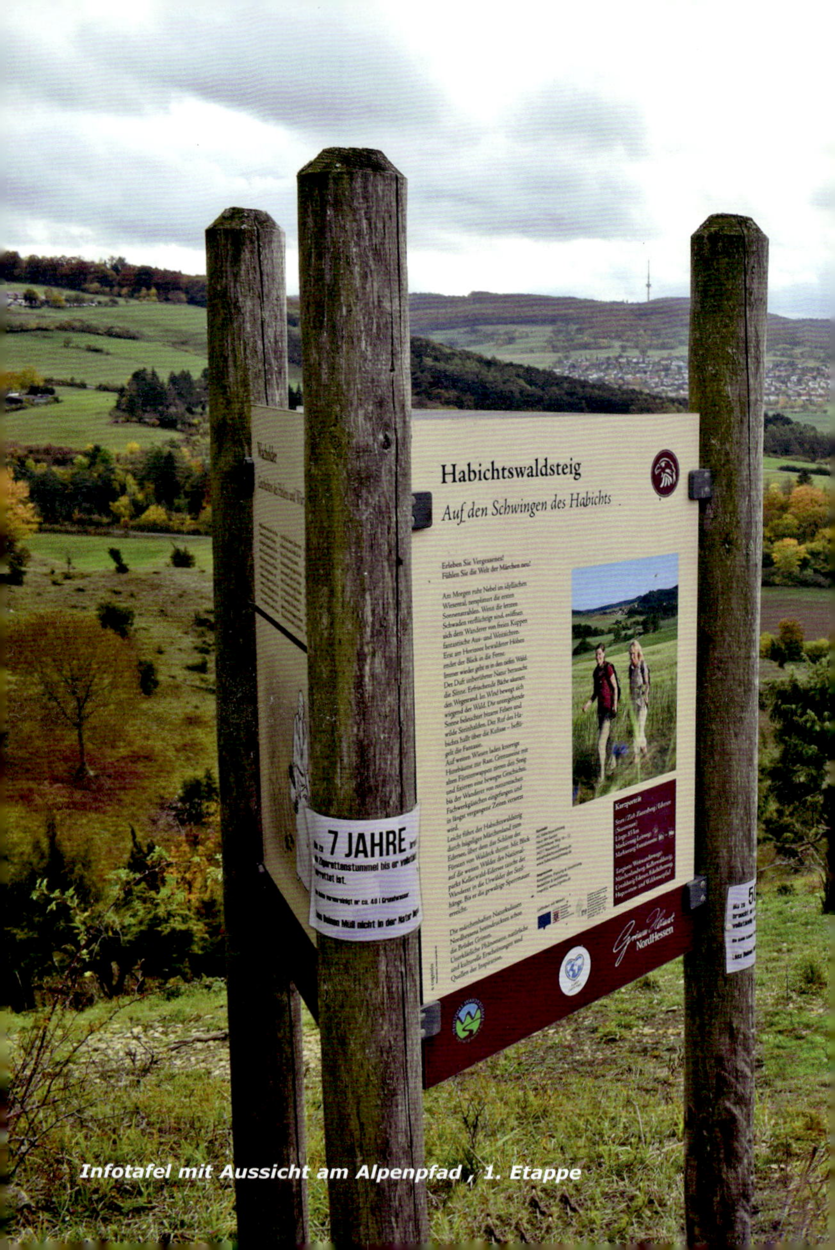

Infotafel mit Aussicht am Alpenpfad , 1. Etappe

Band 476

OutdoorHandbuch

Ingrid Retterath

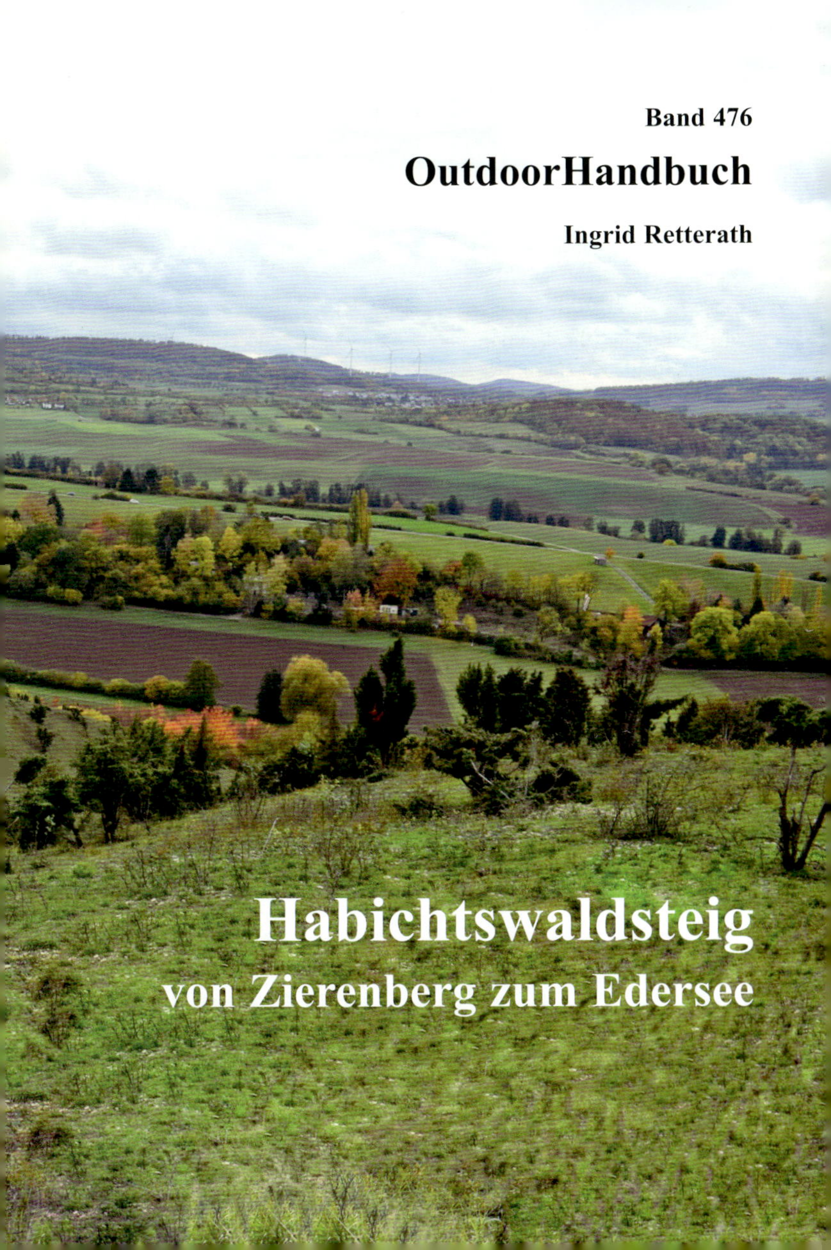

Habichtswaldsteig

von Zierenberg zum Edersee

Habichtswaldsteig

Alle Informationen, schriftlich und zeichnerisch, wurden nach bestem Wissen zusammengestellt und überprüft. Sie waren korrekt zum Zeitpunkt der Recherche. Eine Garantie für den Inhalt, z. B. die immerwährende Richtigkeit von Preisen, Adressen, Telefon- und Faxnummern sowie Internetadressen, Zeit- und sonstigen Angaben, kann naturgemäß von Verlag und Autorin – auch im Sinne der Produkthaftung – nicht übernommen werden.

Die Autorin und der Verlag sind für Lesertipps und Verbesserungen (besonders per E-Mail) unter Angabe der Auflagen- und Seitennummer dankbar.

Dieses OutdoorHandbuch hat 128 Seiten mit 42 farbigen Abbildungen sowie 15 farbigen Kartenskizzen im Maßstab 1:75.000, 13 farbigen Höhenprofilen und einer farbigen, ausklappbaren Übersichtskarte. Es wurde auf chlorfrei gebleichtem, FSC®-zertifiziertem Papier gedruckt, in Deutschland klimaneutral hergestellt und transportiert und wegen der größeren Strapazierfähigkeit mit PUR-Kleber gebunden.

FSC
www.fsc.org
MIX
Papier aus verantwortungsvollen Quellen
FSC® C009051

Klimaneutral
Druckprodukt
ClimatePartner.com/10951-2111-1013

Dieses Buch ist im Buchhandel und in Outdoor-Läden erhältlich und kann im Internet oder direkt beim Verlag bestellt werden.

OutdoorHandbuch Band 476

ISBN 978-3-86686-730-7 1. Auflage 2022

Text und Fotos: Ingrid Retterath
Karten: Manuela Dastig
Lektorat: Ricarda Kuschma
Layout: Alexandra Sauerland

Gesamtherstellung: gutenberg beuys feindruckerei

Dieses OutdoorHandbuch wurde konzipiert und redaktionell erstellt vom:

Conrad Stein Verlag GmbH, Kiefernstr. 6, 59514 Welver,
☏ 023 84/96 39 12,
info@conrad-stein-verlag.de,
www.conrad-stein-verlag.de

Besuchen Sie uns bei Facebook & Instagram:

www.facebook.com/outdoorverlag

www.instagram.com/outdoorverlag

Titelfoto: Aussicht vom Naumburger Burgberg, 3. Etappe

Inhalt

Einleitung 8

Vorwort 9
Danke … 9
Bitte … 9

Der Habichtswald 11

Geografie, Flora und Fauna 12
Die Chatten 13
Der Habichtswaldsteig 13

Reise-Infos von A-Z 14

An- und Abreise 15
Ausrüstung 15
Einkaufen 16
Essen und Trinken 16
Extratouren 17
Feiertage 17
Gästekarte 17
Geld 17
Gepäckservice 18
Hunde 18
Information 18
Karten und GPS 19
Kinder 20
Klima und Reisezeit 20
Körperliche Voraussetzungen 21
Märchenrastplätze 21
Medizinische Versorgung und Notruf 22
Post, Telefon und Internet 22
Radfahren 23
Umweltschutz 23
Unterkunft 23
Updates 25

Verkehrsmittel unterwegs		25
Wanderpass		27
Wanderpauschalen		28
Wanderrichtung		29
Wegmarkierungen und Wegumleitungen		29
Zeit		29
Wegbeschreibung		**30**
1. Etappe: Zierenberg – Herkulesstatue	19,5 km	31
2. Etappe: Herkules – Bad Emstal	23,5 km	44
3. Etappe: Bad Emstal – Naumburg	21,9 km	56
4. Etappe: Naumburg – Edersee	21,8 km	66
Extratouren		**77**
H1: Um den Berg der Fee (Extratour Breuna)	9,9 km	78
H2: In geheimnisvoller Bergwelt (Extratour Zierenberg)	17,9 km	82
H3: Im Glanz des Herkules (Extratour Habichtswald)	12,3 km	89
H4: Auf dem Throne der Landschaft (Extratour Schauenburg)	16,9 km	94
H5: Im Bann der Chatten (Extratour Niedenstein)	15,9 km	99
H6: Im Tal der Quellen (Extratour Bad Emstal)	13,1 km	104
H7: Im Land der Riesen (Extratour Wolfhagen)	13,5 km	109
H8: Im Tal der zwei Burgen (Extratour Naumburg)	15,4 km	115
H9: Auf den Höhen des Steigers (Extratour Volkmarsen)	10,1 km	121
Index		**126**

☺ Eine **Übersichtskarte** des Weges, **Autorenprofil** sowie eine Liste aller verwendeten **Symbole** in diesem Buch finden Sie auf den vorderen und hinteren Umschlagseiten bzw. -klappen.

Einleitung

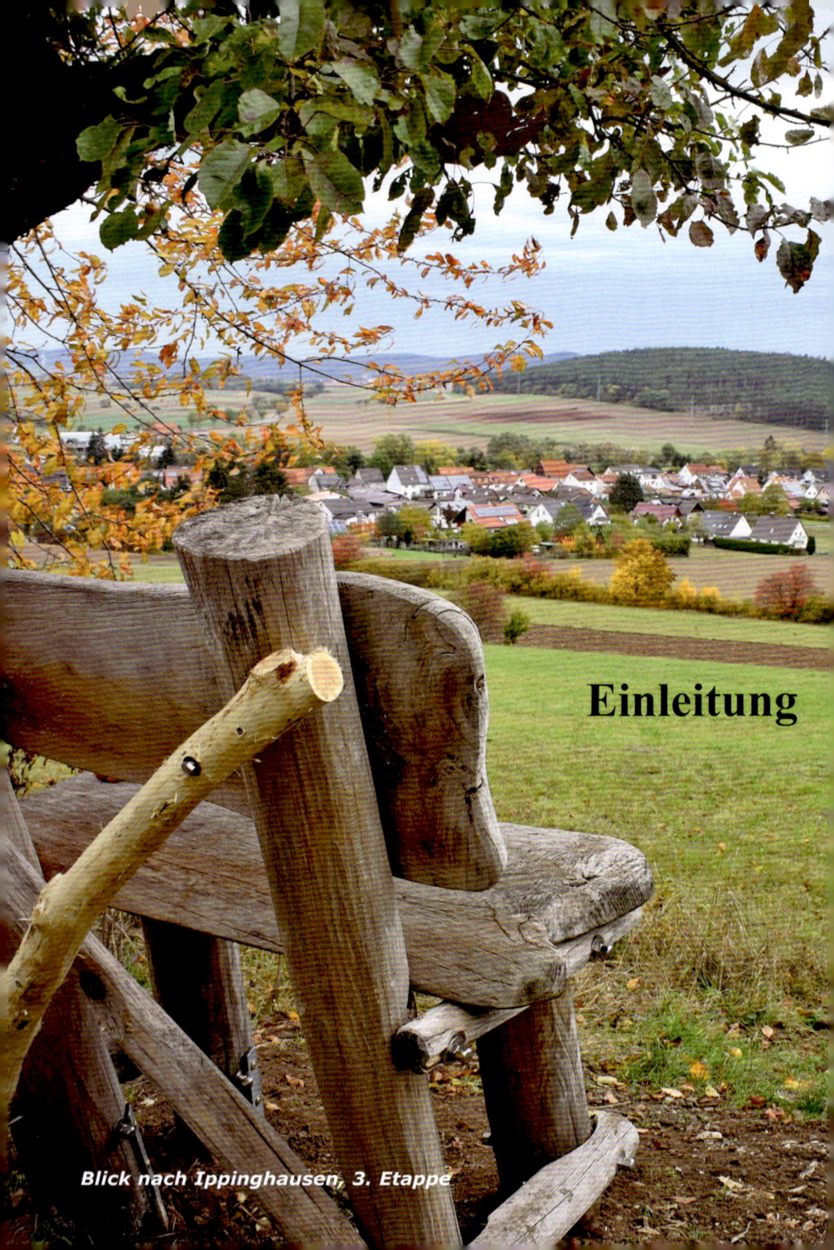

Blick nach Ippinghausen, 3. Etappe

Vorwort

„Auf den Schwingen des Habichts in der GrimmHeimat NordHessen“.

Dieser Untertitel für einen ganz besonderen Premiumwanderweg verrät einiges über den Weg. Der Weg verläuft von Zierenberg einmal quer durch den märchenhaften Habichtswald bis zum malerischen Edersee. Er führt durch eine Landschaft, in der sich die Märchen der Brüder Grimm abgespielt haben könnten. Zumindest dienten die bizarren Felsen, die alten Burgmauern und die knorrigen Baumgestalten als gute Kulisse für die Erzählungen ihrer Zeit. Neben den reinen Fakten zur Wegführung, zu Unterkünften und Einkehrmöglichkeiten enthält dieses Buch daher auch Hinweise auf bekannte Grimm'sche Märchen und unbekannte Sagen.

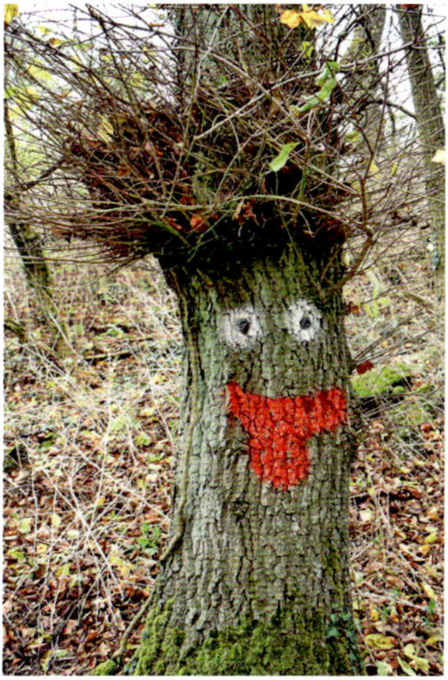

Freundlicher Baumgeist unterhalb der Weidelsburg, 3. Etappe

Ich wünsche Ihnen gute Erholung, blasenfreies Laufen und viele nette Begegnungen.

Ingrid Retterath

Danke ...

... sage ich an dieser Stelle allen, die mich beim Erstellen dieses Buches unterstützt haben. Das gilt ganz besonders für Freddy Thobe und Herbert Wiens, die mich bei einigen Etappen und Extratouren begleitet haben.

Herzlichen Dank sage ich den Damen und Herren der örtlichen Touristeninformationen für ihre Beratung und Unterstützung, allen voran Claudia Thöne in Naumburg und Irene Dippel in Breuna.

Ferner schätze ich mich glücklich, ein seit vielen Jahren zuverlässiges Vorablese-Duo an meiner Seite zu haben, deshalb geht mein ganz spezieller Dank an meine Mutter Gerda Retterath und meine Freundin Silke Sohler.

Bitte ...

... schreiben Sie mir, wenn Ihnen Fehler, Änderungen und Lücken auffallen. Informationen in Reiseführern sind unweigerlich **Veränderungen** unterworfen: Die Wegführung wird verändert, ein Hotel ändert seine Preise, eine neue Pension wird eröffnet, eine Privatperson bietet ihre Dienste nicht mehr an, ein Museum verlegt seine Öffnungszeiten, eine Busverbindung wird eingestellt, ein vormals angenehmer Waldweg wird zur Schnellstraße ...

Dies gilt umso mehr für ein Buch, das unter den **Bedingungen der Coronapandemie** entstanden ist. Etliche Hoteliers und Pensionsinhaber antworteten mir in großer Sorge, ob sie den Betrieb überhaupt aufrechterhalten können.

Allen Zuschriften von Lesern werde ich nachgehen und sie bei der Folgeauflage berücksichtigen. In der Zwischenzeit werden Ihre Tipps auch bereits in den **Updates** (☞ S. 25) zum Buch auf der Verlagshomepage zu finden sein. Und natürlich können Sie auch einfach nur schreiben, wo es Ihnen besonders gut gefallen hat: habichtswaldsteig@retterath.net.

Der Habichtswald

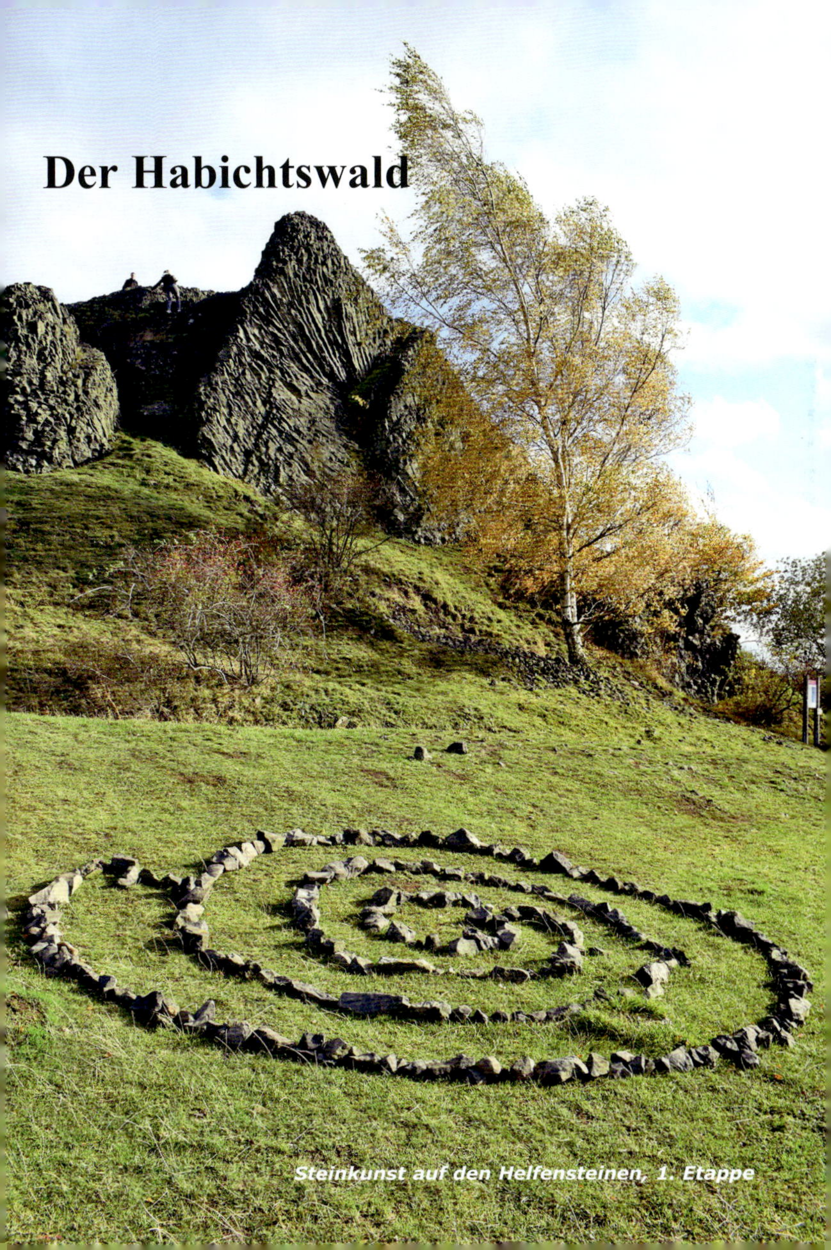

Steinkunst auf den Helfensteinen, 1. Etappe

Geografie, Flora und Fauna

Die Wanderung führt durch das Westhessische Bergland. Sie beginnt im **Habichtswälder Bergland**, einem bewaldeten Mittelgebirge westlich von Kassel. Der höchste Punkt ist ein 614,8 m hoher Berg namens Hohes Gras. Fast das gesamte Gebiet liegt gleichzeitig im Naturpark Habichtswald.

Die höchsten Erhebungen des **Habichtswaldes** liegen im Hohen Habichtswald, z. B. Hohes Gras, Elfbuchen und Karlsberg, auf dem sich der Bergpark Wilhelmshöhe befindet. Im Norden schließen sich der Naturraum Dörnberg und die Schreckenberge an. Nach Westen geht die Landschaft in die Habichtswälder Senke über, das Relief wird dabei sanfter und flacher. Zwischen dem Bärenberg (600 m, westlich von Zierenberg) und Niedenstein erheben sich die Hinterhabichtswälder Kuppen, ein etwa 17 km langer Höhenzug, zu dem auch Falkenstein, Altenburg, Emser Berg, Niedensteiner Kopf und Erzeberg zählen.

Im Westen schließen sich die **Ostwaldecker Randsenken** mit den Naumburger Senken und Rücken und mit dem Wolfhagener Hügelland an. Sie gehen in den **Waldecker Wald** über, zu dem der Alte Wald bei Naumburg gehört. Die Wanderung endet am Edersee, der zum **Kellerwald** zählt.

Zahlreiche Flüsse und Bäche durchfließen den Habichtswald. Dabei bildet die Bergkette Schreckenberge – Hoher Dörnberg – Essigberg – Hohes Gras die Wasserscheide zwischen der Diemel und der Fulda. Gleich zwei Doppelgänger sehr bekannter Flüsse sind hier zu finden: Die „kleine" Elbe aus dem Alten Wald bei Naumburg und die „kleine" Ems aus der Nähe von Breitenbach münden jeweils nach etwa 34 km in die Eder.

Der Habichtswald zeigt kein einheitliches Landschaftsbild. Das Dörnberggebiet sticht mit Graskuppen und Wacholderheiden hervor. Im übrigen Bergland sind es überwiegend bewaldete Kuppen. Die Senken sind geprägt von ihrer langen Geschichte als Kulturlandschaft mit ihren alten Huteflächen. Entsprechend vielfältig ist auch die Flora und Fauna, die Ihnen am Wegesrand begegnet: trockene Kalkmagerwiesen am Alpenpfad und saftige Auenwiesen im Elbtal, anmutige Solitärkiefern, Buchenhallenwald, forstwirtschaftlich angelegte Fichtenplantagen und auch ausgesäte Birkenschösslinge auf Rodungsflächen.

Beim Wandern in den frühen Morgenstunden könnte es Ihnen gelingen, Rehe, Damwild und Wildschweine zu beobachten. In der flirrenden Mittagssonne stehen die Chancen ganz gut, ein Grashüpferkonzert zu hören, vielleicht sogar einer Blindschleiche oder einer Zauneidechse zu begegnen.Zwar ist gar nicht erwiesen, dass der Habicht dem Bergland westlich von Kassel seinen Namen gab.

Dennoch: Was wäre eine Wanderung auf dem Habichtswaldsteig ohne die Begegnung mit einem Habicht? Vielleicht haben Sie das Glück, einen Habicht bei der Jagd zu beobachten. Viel wahrscheinlicher ist es aber, dass Sie seinen Alarmruf hören, wenn Sie sich annähern. Leider leben gar nicht so viele Habichte im Habichtswald. Viel häufiger sind der Mäusebussard, der Turmfalke und der Rotmilan dort zu beobachten. Um den Habicht also nicht mit anderen Greifvögeln zu verwechseln, sollten Sie wissen, dass der Habicht den Wald nur selten verlässt. Zusätzlich können Sie sich die Rufe der Greifvögel auf 💻 www.deutsche-vogelstimmen.de anhören.

Die Chatten

Vor mehr als zwei Jahrtausenden siedelte im heutigen Nord- und Mittelhessen, ungefähr zwischen Eder, Fulda und dem Oberlauf der Lahn, der germanische Volksstamm der Chatten (gesprochen: Katten). Die römischen Geschichtsschreiber beschreiben sie als ein wildes und gewitztes Volk, Tacitus berichtet von den Chatten als langhaarige, bärtige Krieger mit berechnendem Verstand und großer Tapferkeit.

Der Habichtswaldsteig

Elf Kommunen im Habichtswald bildeten die AG Habichtswaldsteig und erarbeiteten eine Strecke durch die Naturparks Habichtswald und Kellerwald-Edersee zu den Highlights der Region. Der Leitweg ist 85 km lang, hinzu kommen Extratouren, die als Rundwanderwege angelegt wurden und zu sehenswerten Zielen führen, die bei der Anlage des Leitwegs nicht berücksichtigt werden konnten.

Die Verantwortlichen haben es nach der Planungsphase nicht bei einer ersten Markierung belassen, nachdem der Habichtswaldsteig am 18. September 2011 eröffnet wurde. Sie sind stets um verbesserte Wegführungen bedacht. Erst Ende 2021 wurde der Wegverlauf an drei Stellen verändert und es kam die neue Extratour H9 hinzu. In den Jahren 2012, 2015 und 2018 erhielt der Habichtswaldsteig das Wandersiegel Premiumweg, das nur abwechslungsreichen Wegen mit einem besonders hohen Erlebniswert verliehen wird. Deshalb können Sie sich auf einen gut erreichbaren Weg vor den Toren Kassels freuen. Er hat einerseits eine gute Verkehrsanbindung und streift das UNESCO-Welterbe Bergpark Wilhelmshöhe. Dennoch führt er andererseits herrlich ländlich durch Wälder, Bachtäler und Weidelandschaften. Der Habichtswaldsteig belegte bei der Wahl „Deutschlands Schönster Wanderweg 2019“ den 3. Platz in der Kategorie „Routen“.

Reise-Infos von A bis Z

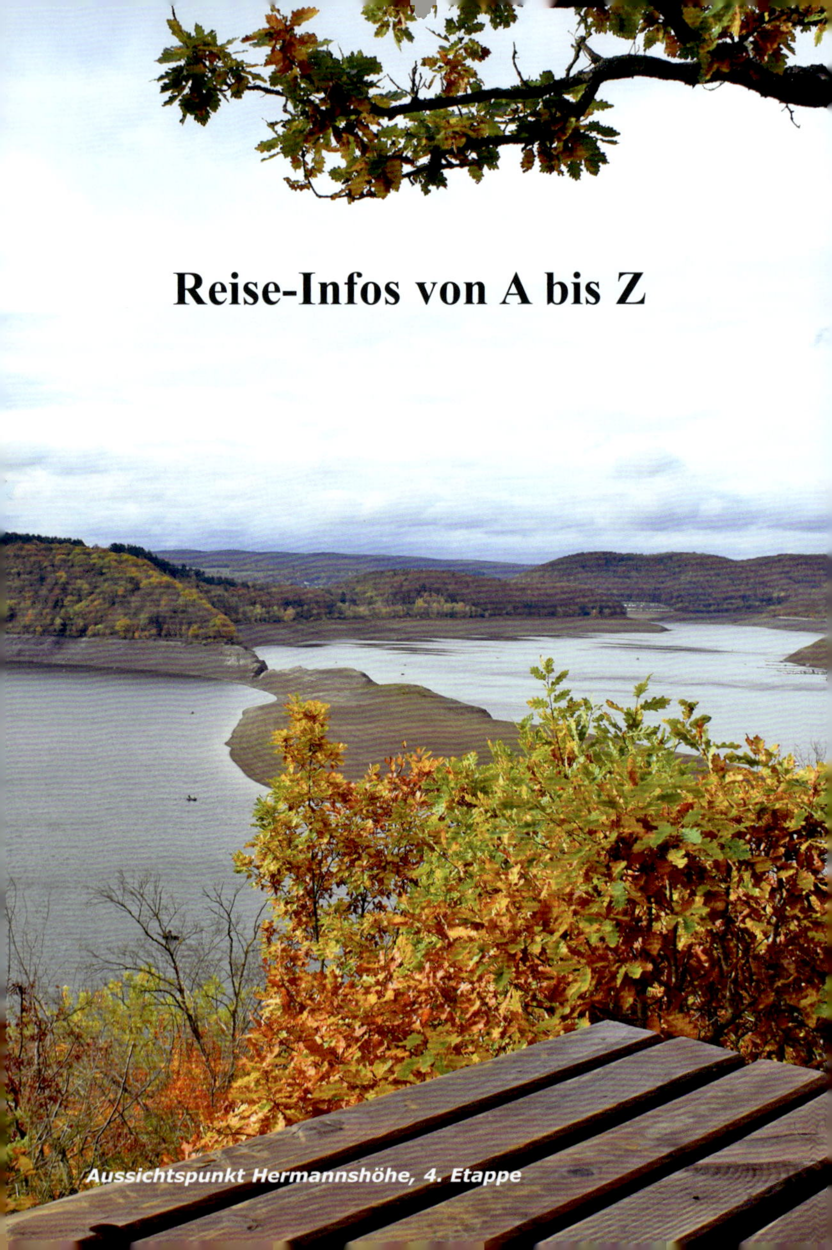

Aussichtspunkt Hermannshöhe, 4. Etappe

An- und Abreise

Auto

Nach Zierenberg reisen Sie über die A44 an. Von Norden und Westen nehmen Sie die Ausfahrt 66 Breuna, dann geht es auf der L3312 nach Niederelsungen und auf der L3214 nach Zierenberg. Von Süden und Osten kommend fahren Sie an der Ausfahrt 67 Zierenberg ab, folgen der B251 durch Ehlen und folgen hinter Dörnberg links der L3211 bis Zierenberg.

Bahn

Von Kassel Hbf. haben Sie Anschluss mit der RegioTram zum Startpunkt in Zierenberg. Vom Fernbahnhof Kassel-Wilhelmshöhe kommen Sie mit der RB4 nach Zierenberg.

Auf dem Rückweg nehmen Sie den Bus von Edersee oder Waldeck nach Korbach Hbf.

Aktuelle Auskünfte erhalten Sie hier:

- Reiseauskunft der DB, ☏ 030/297-0, 💻 www.bahn.de
- Auskünfte zu in Bahnen und Bahnhöfen verlorenen Dingen erhalten Sie beim DB Fundservice unter ☏ 030/586 02 09 09.

Ausrüstung

Sparen Sie am Gewicht Ihres Gepäcks, nicht an der Qualität der Ausrüstung. An einem billigen Rucksack oder schlecht sitzenden Schuhen kann die gesamte Wanderung scheitern. Ob Sie besser in überknöchelhohen Wanderstiefeln oder Trailrunner-Halbschuhen laufen, kommt auf Ihre persönlichen Vorlieben an. Die Schuhe müssen bequem sein und gut passen.

Imprägnieren Sie Rucksack, Schuhe und Jacke. Vielleicht nehmen Sie auch zusätzlich eine Regenschutzhülle für den Rucksack mit, wenn Sie keinen Regenponcho haben, der auch Platz für den Rucksack hat. Sachen, die nicht nass werden dürfen, sind gut in einem kleinen Plastikbeutel aufgehoben. Beim Packen achten Sie darauf, schwere Sachen nah am Körper zu verstauen. Ihr Rücken wird es Ihnen danken. Sachen, die häufig gebraucht werden, passen in die Außentaschen oder direkt unter die Deckelklappe. Achten Sie darauf, den Rucksack möglichst leicht zu halten.

📖 **Trekking ultraleicht** von Stefan Dapprich und Stefan Kuhn, Conrad Stein Verlag, Basiswissen für draußen, ISBN 978-3-86686-654-6, € 9,90

Ferner können Sie das tägliche Rucksackgewicht reduzieren, indem Sie von einem der Angebote zur Gepäckbeförderung Gebrauch machen und nur mit dem Tagesrucksack laufen.

Einkaufen

Der Habichtswaldsteig führt zwar herrlich ländlich durch die Natur, aber auch durch so dicht besiedeltes Gebiet, dass bei vernünftiger Planung keine Versorgungslücken entstehen können. Auf jeder Tagesetappe kommen Sie zumindest an einem kleinen Tante-Emma-Laden, einer Bäckerei, einer Metzgerei oder einer Tankstelle mit Bistro vorbei, wo Sie Ihre Vorräte auffüllen können. Am Anfang der Etappe erkennen Sie die Einkaufsmöglichkeiten an den Symbolen (Supermarkt/Discounter) und (Bäckerei/Metzgerei/ Markt/Tante-Emma-Laden). In vielen Unterkünften können Sie Lunchpakete bestellen, die einen Einkauf unterwegs entbehrlich machen.

Wasser erhalten Sie bei allen Anwohnern, die Sie freundlich darum bitten, nachdem Sie sich als Wanderer vorgestellt haben.

Essen und Trinken

Die Küche des Habichtswaldes ist von rustikaler Hausmannskost geprägt, die zum Teil pfiffig herausgeputzt wird. Leider sind viele gute Gasthäuser nur abends geöffnet oder haben die Coronazeit gar nicht überstanden, in allen Orten finden Sie aber Einkehrmöglichkeiten. Darüber informieren am Anfang der Etappe die Symbole (Restaurant), (Café/Bistro) und (Kneipe/Bar/Getränkekiosk).

Typisch für die Küche im Habichtswald sind diese kulinarischen Besonderheiten:

Ahle Wurscht (auch Ahle Worscht oder Ahle Wurst): Diese Rohwurst ist die bekannteste Delikatesse in der Region. Mindestens sechs Wochen, oft sogar drei bis neun Monate, reift diese Wurst im Wurstehimmel. Das ist die mit Würsten voll gehängte Wurstkammer. Künstliche und chemische Zusätze sind streng verboten. Jeder Metzger hat sein eigenes Rezept, die meisten sind luftgetrocknet oder kaltgeräuchert. Rezepte und Wissenswertes finden Sie unter www.nordhessische-ahle-wurscht.de.

Habichtswaldschwein: keine eigene Schweinerasse, sondern eine Qualitätsbezeichnung für das regionale Wildschwein

Wilde Wochen: besondere Angebote für das Habichtswaldschwein bei Restaurants, Metzgereien und Direktvermarktern von September bis November

Extratouren

Mancherorts ist es am Habichtswaldsteig so schön, dass man am liebsten einen Tag länger bleiben würde. Dafür wurden rechts und links des Steigs neun Extratouren angelegt, das sind Rundwanderungen, die sich gut als Tageswanderung eignen (☞ ab S. 77) Teilstrecken des Habichtswaldsteigs werden dabei mit weiteren sehenswerten Örtchen und Sehenswürdigkeiten verbunden.

Feiertage

In Hessen werden die bundesweiten Feiertage Neujahr, Karfreitag, Ostermontag, Christi Himmelfahrt, Maifeiertag (1. Mai), Pfingstmontag, Tag der deutschen Einheit (3. Oktober) sowie der 1. und 2. Weihnachtstag gefeiert. Hinzu kommt Fronleichnam (der Donnerstag 10 Tage nach Pfingsten). Am Heiligabend und Silvester sind viele Geschäfte, Sehenswürdigkeiten und Freizeiteinrichtungen geschlossen oder im „Notbetrieb".

Gästekarte

Einige Gastgeber stellen Ihnen die MeineCardPlus aus. Das ist eine Gästekarte für freie Fahrt mit den Bussen und Bahnen des Nordhessischen Verkehrsverbundes, die Ihnen gleichzeitig kostenlosen Eintritt bei zahlreichen Museen, Schwimmbädern, Tierparks und anderen Freizeit- und Kultureinrichtungen ermöglicht. Sie gilt vom Beginn Ihres Anreisetages bis zum Ende Ihres Abreisetags und umfasst auch viele Sehenswürdigkeiten und Ausflugsziele in Kassel, am Edersee und im angrenzenden Sauerland.

Details finden Sie hier: 💻 www.grimmheimat.de/meinecardplus.

Geld

Einige kleinere Unterkünfte und viele „Futterkrippen" nehmen keine Karten. Sie sollten also stets etwas Bargeld für die nächsten ein bis zwei Tage dabeihaben. Andererseits gibt es Betriebe, die seit Beginn der Coronazeit Bargeld gar nicht mehr gerne annehmen. Nehmen Sie also etwas, aber nicht unnötig viel Bargeld mit auf den Weg, in jedem größeren Ort gibt es Geldautomaten. Kreditkarten werden nur von größeren Hotels akzeptiert, mit Maestro-Karten kann man eher Glück haben.

Unter 💻 www.kartensicherheit.de können Sie sich eine SOS-Info-Karte ausdrucken. Auf dieser Karte stehen alle wichtigen Rufnummern zum Sperren von Kredit- und Mobilfunkkarten und Reiseschecks.

Gepäckservice

Es ist nicht nötig, alles für die Übernachtung Benötigte den ganzen Tag zu tragen. Sehr viel komfortabler ist es, nur mit Tagesrucksack zu wandern und sein Gepäck in die nächste Unterkunft vorauszuschicken. Teilt man den Transportpreis durch mehrere Wanderer, ist es preiswert erkauftes Wandervergnügen, besonders für Camper. In fast jedem größeren Ort gibt es Taxiunternehmen, die Ihr großes Gepäck zur nächsten Unterkunft oder Campingplatz bringen. Gepäckservice bieten auch viele Vermieter an, oft sogar preiswerter als Taxiunternehmer. Je nach Strecke nennen sie € 5 bis 40, bei typischen Wandertagesetappen von 20 bis 25 km werden meist um die € 25 erbeten.

Hunde

Den Habichtswaldsteig empfehle ich nur eingeschränkt für Wanderer mit Hund. Selbst wenn er eine gute Kondition hat, trittsicher und geländegängig ist, wird er die Wanderung streckenweise als Zumutung empfinden. Viele Etappen führen durch Naturparkgelände, Naturschutzgebiete, Landschaftsschutzgebiete und Jagdreviere mit **Leinenpflicht**, ferner sind einige Ortschaften zu durchwandern. Es sollten daher nur gut leinengängige, kerngesunde Hunde mitgenommen werden, alles andere wird eine Quälerei für Mensch und Tier.

In vielen Unterkünften sind auch mitwandernde Hunde willkommen, allerdings oft nur nach vorheriger Vereinbarung. Unterkünfte, in denen Hunde willkommen sind, habe ich mit 🐕 gekennzeichnet.

📖 **Trekking mit Hund** von Heiko Kühr, Conrad Stein Verlag, Basiswissen für draußen, ISBN 978-3-86686-550-1, € 9,90

Information

Die Touristische Arbeitsgemeinschaft (TAG) Naturpark Habichtswald e.V. ist Projektträger des Habichtswaldsteigs und zentrale Infostelle. Zudem informiert sie über jedes andere touristische Thema rund um den Habichtswald:

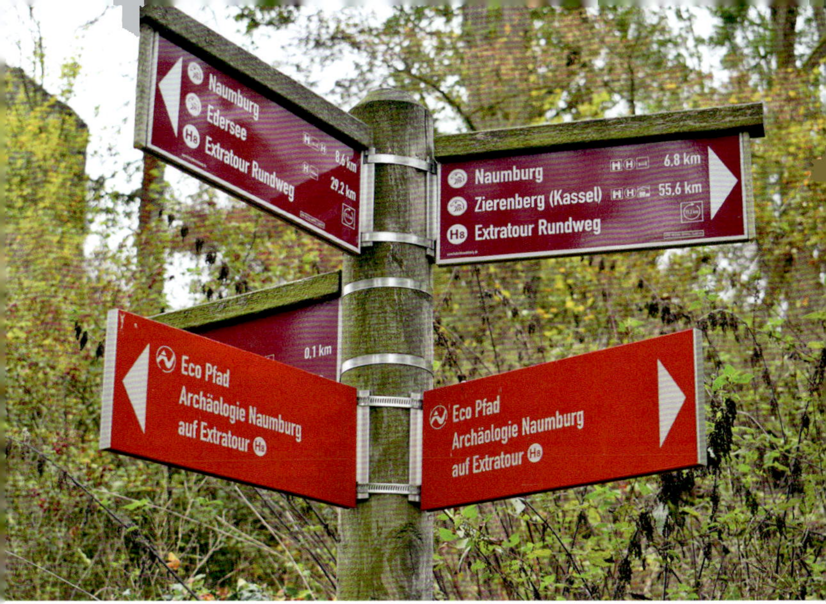

Burgunderrote Wegweiser zeigen wo es lang geht

- ▷ TAG Naturpark Habichtswald e.V. (allg.), c/o Rathaus Bad Emstal, Kasseler Straße 57, 34308 Bad Emstal, ☏ 056 24/99 97 14, 💻 www.naturpark-habichtswald.de, ✉ tourismus@naturpark-habichtswald.de
- ▷ TAG Naturpark Habichtswald e.V., Habichtswaldsteig, Marktplatz 2, 34311 Naumburg, ☏ 056 25/79 09 73, ✉ info@habichtswaldsteig.info.
  Hier erhalten Sie auch Merchandise-Artikel mit dem Habichtskopf-Logo (Shirts, Westen, Thermosflasche), wenn Sie sich passend zum Weg bekleiden und ausrüsten wollen. Ein Wandkalender unterstützt Sie bei der Vorfreude auf Ihre Tour. Sogar die Alu-Plaketten können Sie als Andenken kaufen!

Die lokalen Touristeninformationen finden Sie jeweils in den Orts-Infos.

Karten und GPS

Der Habichtswaldsteig ist nahezu perfekt markiert. Zusammen mit den Übersichtskarten und den Erläuterungen zur Wegstrecke in diesem Büchlein werden Sie Ihren Weg problemlos finden. Dennoch sind hier Kartentipps für diejenigen, für die eine Wanderung ohne Kartenstudium nur der halbe Genuss ist:

▷ Wasserabweisende Karte „Rad- und Wanderkarte Naturpark Habichtswald", Kkv Verlag, Maßstab 1:35.000, mit Detailkarte für die Dörnberg-Region Maßstab 1:17.000, ISBN 978-3-86973-152-0, € 6,00

▷ KOMPASS-Wanderkarte Nationalpark Kellerwald-Edersee, Naturpark Habichtswald, Wanderregion Medebach, 4 in 1 Wanderkarte, Maßstab 1:50.000, Band 845, ISBN 978-3-99121-237-9, € 11,99

☺ Die Kartenempfehlungen wurden von der Geobuchhandlung Kiel überprüft. 💻 www.geobuchhandlung.de

Die GPS-Tracks zu den beschriebenen Wegen können Sie auf der Internetseite des Verlags (💻 www.conrad-stein-verlag.de) herunterladen.

📖 **GPS Grundlagen · Tourenplanung · Navigation** von Michael Hennemann, Conrad Stein Verlag, Basiswissen für draußen, ISBN 978-3-86686-495-5, € 9,90

Kinder

Auch Familien mit Kindern können den Habichtswaldsteig wandern. Statt vier sollten dann vielleicht besser sieben oder acht Wandertage eingeplant werden. Oder Sie schauen sich die schönsten Ecken des Habichtswaldsteigs auf einer der kürzeren Extratouren an, die meist nach einem kurzen Blick auf die Karte halbiert werden können. Der Weg ist nicht kinderwagentauglich. Ganz kleine Kinder in der Kraxe zu transportieren, erfordert eine gute Kondition des Trägers.

Gut vorbereitete und ausgerüstete Kinder, die gerne wandern und mit verantwortungsvollen Erwachsenen unterwegs sind, werden die abwechslungsreiche Landschaft genießen und Sie vielleicht tiefer in die Welt der Sagen und Märchen entführen. Wenn die Stimmung zu kippen droht, helfen Spiele, Rätsel, Singen, Geocaching – und das gemeinsame Erzählen von Sagen, Märchen und Gruselgeschichten.

Klima und Reisezeit

In Kassel und im Habichtswald herrscht feuchtes, warmes Kontinentalklima vor. Das gemäßigte Mittelgebirgsklima geht mit guten Niederschlagswerten einher. Im Durchschnitt werden zwischen neun und zwölf Regentage pro Monat gezählt. Das heißt nicht, dass es den ganzen Tag regnet, es kann auch ein nächtlicher

Schauer oder ein kurzer Nieselregen sein. Selbst in den trockensten Monaten fällt genug Regen, um die Bäche, Flüsse und Seen ausreichend zu versorgen. In Kassel werden jährlich etwa 800 mm Niederschlag gemessen.

Besonders zu empfehlen ist eine Wanderung auf dem Habichtswaldsteig im Herbst. Es ist nicht mehr so heiß wie im Sommer, das Wetter ist stabiler und das Laub leuchtet im warmen Sonnenlicht kunterbunt. Auch der Frühling ist reizvoll, wenn Bärlauch und Waldmeister den Waldboden in Blütenmeere verwandeln.

Im Sommer finden Sie in den Waldstücken immer wieder ein schattiges Plätzchen. Die baumlosen Streckenabschnitte im Naturschutzgebiet Dörnberg und im bewirtschafteten Ackerland sind an heißen Tagen nur mit Sonnenschutz und viel Wasser im Gepäck zu empfehlen.

Körperliche Voraussetzungen

Für den Habichtswaldsteig genügt eine solide Grundfitness. Wenn Sie unsicher sind, testen Sie zu Hause bei einigen Trainingswanderungen, ob Sie eine Tagesetappe von 20 km mit Steigungen und Gefälle von 400 m bis 700 m auch bei widrigen Wetterbedingungen und mit Gepäck bewältigen.

Übernehmen Sie sich nicht unnötig, die Wanderung soll ja Ihrer Erholung dienen. Fast jede Etappe lässt sich teilen oder mit öffentlichen Verkehrsmitteln zu Ende bringen. Auch der Gepäck- und Abholservice kann Marscherleichterung verschaffen.

Auf den letzten Kilometern sollten Sie trittsicher und hellwach sein, denn Sie müssen auf felsigem Untergrund auf einem schmalen Steig mit Gefälle sicheren Halt finden.

Märchenrastplätze

Auf jeder Etappe treffen Sie auf mindestens einen der Märchenrastplätze. An Aussichten und anderen märchenhaften Orten wurden sie angelegt, um in den Gästen alte Gefühle von Freiheit, kindlicher Unbeschwertheit und selbstvergessenen Träumen zu beleben. Hier sind keine klassischen Märchenfiguren zu finden, sondern die Wegmacher wollen eine besondere Atmosphäre schaffen, die Sie an die Beschreibungen der Landschaft und übernatürlichen Phänomene in den Märchen der Brüder Grimm erinnern. Das klingt vielleicht etwas sehr verträumt, aber warten Sie ab, bis Sie erwachsene Menschen auf der Pfeifenwippe oder Himmelsschaukel erlebt haben!

📖 **Sagenhaftes aus der Heimat der Brüder Grimm**, Wartberg Verlag, 112 Seiten, ISBN 978-3-8313-2372-2, € 17,90, ein Bildband, in dem bekannte Märchen und unbekannte Sagen mit gelungenen Fotos von 34 Orten der Region kombiniert werden

Medizinische Versorgung und Notruf

Entlang des Weges erhalten Sie medizinische Versorgung mit kurzen Hilfsfristen. Mit dem zentralen Notruf ☏ 112 erreichen Sie aus allen Mobilfunknetzen und dem Festnetz den Rettungsdienst. Niedergelassene Ärzte, Tierärzte und Apotheken sind in den größeren Orten am Weg zu finden. Die Polizei ist über ☏ 110, Feuerwehr und Rettungsdienst über ☏ 112 erreichbar. In Waldgebieten verkürzt sich die Hilfsfrist deutlich, wenn Sie den Rettern eine – und sei es nur grobe – Koordinate nennen können. Ob sich die Standortnennung mit what3words (ein System, das geographische Koordinaten in drei Wörter kodiert) in Deutschland etablieren wird, ist nicht vorhersehbar. Wenn Sie damit aber schon Erfahrung haben, können Sie beim Notruf nicht nur grob sagen, dass Sie z. B. in der Ruine Falkenstein verunfallt sind, sondern mit der Wortkombination ///bürste.schall.rudern sogar ganz genau sagen, wo innerhalb des Burggeländes Sie sich befinden.

💻 https://what3words.com/bürste.schall.rudern

Vielleicht befindet sich auch ein Rettungspunkt in Ihrer Nähe, dann lesen Sie dessen Nummer vor und die Rettungskräfte wissen ganz genau, wo sie Sie finden. Ist kein Telefon erreichbar, versuchen Sie durch Lichtsignale, Trillerpfeife oder lautes Rufen auf sich aufmerksam zu machen.

Post, Telefon und Internet

Echte Postämter sind auch im Habichtswald vom Aussterben bedroht. Unterwegs finden Sie die Schalter der Postagenturen meist in Lotto-Annahmestellen, Schreibwarenläden und Kiosken. Daher sind allgemeingültige Angaben zu Öffnungszeiten nicht möglich. Postdienste werden leider häufig nicht während der gesamten Öffnungszeit des Hauptladens angeboten.
Auf dem Habichtswaldsteig haben Mobiltelefone fast (!) überall Empfang, oft reicht es aber nicht für mobiles Internet. Je nach App sollten Sie Daten, Karten, Tracks, etc. also schon vorher herunterladen. In allen Städten und Dörfern an der Strecke gibt es öffentliche Telefone, leider inzwischen meist ohne eine schützende Zelle, die Regen und ungewollte Mithörer abhalten könnte.

Radfahren

Der Habichtswald ist als reiner Wanderweg konzipiert. Sie sollten daher aus Rücksichtnahme vom Befahren des Weges absehen und sich für einen der vielen schönen Radwanderwege entscheiden, die speziell für Sie geschaffen und markiert wurden, eine gute Auswahl finden Sie auf der Website.

www.naturpark-habichtswald.de.

Umweltschutz

Sie wandern durch einen Naturpark, zum Teil auch durch Naturschutzgebiete und Landschaftsschutzgebiete. Unnötig zu sagen, dass Sie Rücksicht auf die Natur nehmen sollen, damit sie weiterhin so schön bleibt, wie sie ist: Bleiben Sie auf den markierten Wegen, pflücken Sie keine Pflanzen, nehmen Sie Ihren Müll bis zum nächsten Mülleimer mit und vermeiden Sie das Rauchen und Feuermachen.

Unterkunft

Für Übernachtungsmöglichkeiten ist am Habichtswaldsteig gut gesorgt. Die Unterkünfte liegen auch für Untrainierte in guter Laufweite voneinander entfernt.

In den größeren Orten finden Sie Hotels mit einfachem Standard für € 35 bis 45. In Luxushotels müssen € 60 bis 100 einkalkuliert werden. Preiswerter kommen Sie in Privatpensionen unter, hier reichen mitunter weniger als € 30 pro Person und Nacht im Doppelzimmer. Einzelzimmer sind oft deutlich teurer.

Erstaunlich viele, die Ferienwohnungen entlang des Steigs anbieten, sind bereit, auch für eine Nacht zu vermieten. Vielfach reduzieren sie für Wanderer sogar die übliche Pauschale für Endreinigung oder verzichten ganz darauf. Dann ist es natürlich erste Wandererpflicht, die Ferienwohnung sauber zu verlassen, damit noch möglichst viele nachfolgende Wanderer von dieser Geste der Gastfreundschaft profitieren können.

Am Steig finden Sie leider kaum günstigere Unterkünfte. Für die Übernachtung in einer **Jugendherberge** brauchen Sie einen gültigen Herbergsausweis, den Sie unter www.jugendherberge.de erhalten. Gäste über 27 Jahren werden als Senior angesehen und zahlen je Übernachtung einen Aufpreis.

Am Wanderweg gibt es einige **Campingplätze**, die auch Wanderer für eine Nacht aufnehmen, die aber leider häufig nicht an den Endpunkten der Tagesetappen liegen.

Wildcampen ist in Hessen verboten, die zuständigen Ordnungsämter verhängen zum Teil empfindliche Bußgelder. Keiner hat aber Einwände, wenn Sie es an einem stürmischen Gewitterabend vollkommen erschöpft nicht mehr aus einem riesigen Waldgebiet herausschaffen und in einer Schutzhütte biwakieren.

☺ Voraussichtlich im Jahr 2022 sollen drei **Trekkingplätze** angelegt werden. Ich werde Sie über die Einrichtung und genaue Lage informieren, sobald ich davon erfahre, bitte schauen Sie dafür vor Ihrem Wanderstart in die Updates auf der Verlagshomepage. Gebucht wird beim Zweckverband Naturpark Habichtswald.

Ansonsten sei eher dazu geraten, bei Bauernhöfen, Förstereien oder Privatleuten um ein kleines Eckchen Rasen zu bitten, um dort das Zelt aufzubauen. Also: Stets vorher fragen, fast immer bekommt man die Erlaubnis und noch dazu einen guten Tipp, wo das Zelt windgeschützt und schlammfrei steht.

Einige Vermieter bieten gegen wenig Geld eine **Gepäckbeförderung** an. Die Anbieter sind mit gekennzeichnet. Gerade für Camper ist es wichtig, tagsüber nicht das gesamte Zeltzubehör schleppen zu müssen. Sie machen morgens telefonisch den nächsten Schlafplatz fest (gleich wieder nach Gepäckservice fragen!) und lassen sich Ihr großes Gepäck vom aktuellen Vermieter zum nächsten Quartier bringen. Mit einem kleinen Tagesrucksack kommen Sie dann viel lockerer durch Ihre Tagesetappe.

Häuser, die nicht unmittelbar am Weg liegen, bieten zum Teil einen **Fahrdienst** an. Wanderer können sich an einem vorher abgesprochenen Ort zu einer konkreten Zeit abholen und am nächsten Tag wieder an diesem Punkt absetzen lassen. Vermieter, die diesen Service bieten, können Sie an einem erkennen.

Im Wanderteil sind die Übernachtungsmöglichkeiten mit Entfernungsangaben ➲ zum Weg jeweils bei den Einzeletappen genannt. Bei kleineren Orten sind alle mir bekannten Unterkünfte aufgezählt, bei denen Wanderer (auch nur für eine Nacht) willkommen sind. So sind Sie frei in Ihrer Etappenplanung. In größeren Orten habe ich mich mit Rücksicht auf das Gewicht des Buchs auf eine Auswahl beschränkt, bei der die Nähe zum Weg und die Einstellung der Inhaber zu Wanderern berücksichtigt wurden.

Ob Sie die Unterkunft am nächsten Morgen mit dampfend heißem Tee in der Thermoskanne und mit einem üppigen Fresspaket verlassen, ist ebenfalls jeweils bei der Unterkunft vermerkt. Die Vermieter erwarten üblicherweise, dass Sie Ihren Wunsch nach bereits bei der Buchung, spätestens bei der Anreise anmelden. Nahezu alle Vermieter bieten die Möglichkeit, nasse Wanderbekleidung zu trocknen. Dieser Service ist daher nicht ausdrücklich vermerkt.

Updates

Der Conrad Stein Verlag veröffentlicht Updates zu diesem Buch, die direkt von der Autorin oder von den Leserinnen und Lesern dieses Buches stammen. Sie finden diese auf der Verlagshomepage www.conrad-stein-verlag.de. Der abgebildete QR-Code führt Sie direkt dorthin.

Verkehrsmittel unterwegs

Bahn

Die Kurhessenbahn RB4 verkehrt zwischen Kassel Wilhelmshöhe, Zierenberg, Wolfhagen und Korbach Hbf.

Die RegioTram RT4 verbindet Zierenberg und Wolfhagen mit Kassel Hbf.

Die historische Eisenbahn **Hessencourrier** (im Volksmund: Naumburger Bahn) verkehrt an etwa zwölf Fahrtagen im Jahr zwischen Kassel-Wilhelmshöhe und Naumburg. Einzelfahrkarten sind je nach Verfügbarkeit beim Schaffner erhältlich, Online-Buchungen sind nur für die gesamte Strecke möglich, www.hessencourrier.de.

Bus

Auskünfte zu Verbindungen von Bussen und Anrufsammeltaxis erhalten Sie beim Nordhessischen VerkehrsVerbund NVV, 08 00/939 08 00, www.nvv.de.

Buslinien, die Punkte auf dem Weg miteinander und mit Bahnhöfen verbinden (grob sortiert in Wanderrichtung):

120: Warburg – Breuna – Wolfhagen

130: Calden – Breuna – Volkmarsen

118: (Kassel) – Zierenberg – Naturparkzentrum – Dörnberg – Ehlen
22: Druseltal – Neuholland – Herkules – Hohes Gras – Dörnberg – Ehlen
110: Kassel-Wilhelmshöhe – Dörnberg – Ehlen – Ippinghausen – Leckringhausen – Wolfhagen
52: Kassel Hbf. – Kassel-Wilhelmshöhe – Hoof – Breitenbach – Martinhagen
53: Kassel-Wilhelmshöhe – Hoof – Breitenbach – Martinhagen
153: Hoof – Breitenbach – Sand – Naumburg – Altenstädt – Balhorn – Martinhagen
159: Kassel-Brückenhof – Hoof – Breitenbach – Sand
N53 (Nachtbus): Kassel-Wilhelmshöhe – Hoof – Breitenbach – Sand – Balhorn – Naumburg
55: Kassel-Wilhelmshöhe – Breitenbach – Sand – Balhorn – Altenstädt – Naumburg
401: Fritzlar – Niedenstein
54: Gudensberg – Niedenstein – Baunatal
151: Wolfhagen – Naumburg – Bad Emstal – Fritzlar
155: Fritzlar – Sand – Balhorn
157: Merxhausen – Sand – Balhorn – Wolfhagen
503: Herzhausen – Vöhl – Waldeck – Hemfurth-Edersee
510: Bad Wildungen – Hemfurth-Edersee – Waldeck – Korbach

AST – Anruf-Sammel-Taxi und TaxiBus

Im ländlichen Bereich lohnt sich ein regelmäßig verkehrender Linienbus wirtschaftlich nicht. Die Kommunen sind dort zum System der Anruf-Sammel-Taxis übergegangen, bei denen zu festen Zeiten die Bushaltestellen von Taxis bedient werden. Wichtig dabei ist, dass der Reisewunsch mindestens 30 Minuten vor der fahrplanmäßigen Abfahrt telefonisch in der AST-Zentrale angemeldet wird. Bei Fahrten vor 8:00 muss am Vortag angerufen werden. Kinder im Kindersitz-Alter bitte ausdrücklich erwähnen. Gruppen ab 5 Personen sollten sich mindestens 3 Tage vor Fahrtantritt anmelden, weil dann kein normales Taxi mehr reicht, sondern ein Kleinbus oder Bus fahren muss. Die Preise liegen etwas über dem Buspreis für eine vergleichbare Strecke, Tiere werden leider nicht immer befördert.

♦ NVV, ☏ 056 31/506 20 88, 💻 www.nvv.de, 🚪 So bis Do 7:00 bis 21:00, Fr, Sa 7:00 bis 24:00

Taxi und Funkmietwagen

Taxifahrten sind die teuerste öffentliche Fortbewegung. Je nachdem, wo man gestrandet ist, ist es aber die einzige Chance, weiterzukommen. Gezahlt werden im städtischen Bereich nur die Grundgebühr und die mit dem Passagier gefahrenen Kilometer. Im ländlichen Bereich berechnen die Taxiunternehmer zum Teil auch die Anfahrt zu der Stelle, an der der Passagier aufgesammelt wird. Funkmietwagen sind meist etwas preisgünstiger als Taxis.

Wanderpass

Mit einem **Wanderpass** können Sie Ihren Wandererfolg Tag für Tag dokumentieren und haben am Ende eine Erinnerung und einen Nachweis Ihrer Leistung.

Vor der Wanderung können Sie den Pass in den Touristenbüros in Bad Emstal und Naumburg bestellen. Unterwegs erhalten Sie ihn – mit etwas Glück – in den Touristeninformationen in Breuna, im Naturparkzentrum Habichtswald und in einigen Hotels. Die Hotels und Touristeninformationen sind es auch, die spezielle **Habichtswaldsteig-Stempel** haben.

Wanderpass mit schönen Erinnerungsstempeln

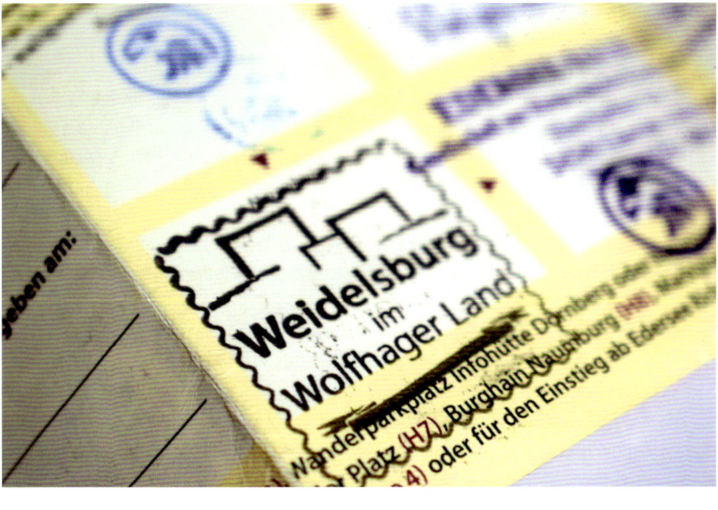

Sie können den Pass natürlich auch in allen (anderen) Unterkünften, Restaurants und Cafés stempeln lassen. Die Stempel des neuen Projekts **Mittelgebirgsstürmer** (💻 www.mittelgebirgsstuermer.de) können ebenfalls als Nachweis dienen. Das ist ohnehin eine nette Bereicherung Ihrer Wanderung: In allen Touristenbüros im Habichtswald erhalten Sie einen Gipfelpass. Wer alle 10 Gipfel des Habichtswaldes besteigt und dies in der SummitLynx-App oder mit Stempeln im Gipfelpass nachweist, erhält zusätzlich zum zehnfachen Gipfelglück ein kleines Präsent.

Am Ende Ihres Wanderurlaubs im Habichtswald können Sie eine von drei **Wanderurkunden** erhalten: (1) für die komplette Strecke des Habichtswaldsteigs, (2) für alle Extratouren oder gar (3) für den Habichtswaldsteig und alle Extratouren. Dazu schicken Sie eine Kopie Ihres Wanderpasses an Frau Thöne, 📧 info@habichtswaldsteig.de. Auch einige Hotels stellen diese Urkunden für ihre Gäste aus.

Zukünftig ist geplant, für den Habichtswald bei SummitLynx ebenfalls digitale Wandernadeln in Bronze, Silber und Gold einzurichten.

☺ Sollten Sie während Ihrer Wanderung für die eine oder andere Etappe oder Extratour nirgendwo einen Stempel bekommen haben, können Sie den Beweis auch mit Fotos antreten.

Wanderpauschalen

Sie wollen ohne Gepäck wandern und sich nicht die Mühe machen, in etlichen Unterkünften anzurufen? Kein Problem, es gibt Anbieter, die Ihnen Pauschalpakete anbieten:

- ▷ Heimat- und Verkehrsverein Breuna, Volkmarser Straße 3, 34479 Breuna, ☏ 056 93/98 98 14, 📧 verkehrsamt@breuna.de. 5 Übernachtungen € 365, EZ-Zuschlag € 60. Inklusive sind ÜF, täglicher 🧳 Gepäcktransfer, Transfer zum Start in Zierenberg, Rücktransport von Waldeck nach Breuna. Auch individuelle Angebote sind möglich, z. B. 7 Teilstrecken mit einer Länge von jeweils etwa 12 km.
- ▷ Kleins Wanderreisen, Ruderstalstraße 3, 35686 Dillenburg, ☏ 027 71/268 00, 💻 www.kleins-wanderreisen.de, 📧 info@kleins-wanderreisen.de. 5 Übernachtungen im EZ € 520, im DZ € 415, Transportzuschlag bei 1 Teilnehmer € 40, bei 2 Teilnehmern € 20. Enthalten sind ÜF, täglicher 🧳 Gepäcktransfer bis Edersee, Kurtaxe, Wanderkarte, Wanderabzeichen.

Wanderrichtung

Der Habichtswaldsteig ist in Nord-Süd-Richtung konzipiert, aber auch in Gegenrichtung perfekt markiert und gut zu laufen. Ich beschreibe ihn von Nord nach Süd, weil dies die häufiger gewählte Laufrichtung ist. Ein weiterer Vorteil dieser Laufrichtung ist, dass am Ziel zwischen Waldeck und dem Edersee die Möglichkeit besteht, auf dem Kellerwaldsteig oder Urwaldsteig Edersee einfach noch ein paar Wandertage anzuhängen. Anhand der im Buch enthaltenen Beschreibungen und Karten sowie der Wegmarkierungen in der Natur dürfte es aber auch keine Schwierigkeit sein, den Weg in Gegenrichtung zu wandern.

Wegmarkierungen und Wegumleitungen

Der Habichtswald und seine Extratouren sind durchgängig an jeder Abzweigung und bei langen Geradeausstrecken durch weitere „Beruhigungszeichen" markiert. Die nächste Markierung erfolgt damit stets vor dem Punkt, an dem Sie sich fragen, ob Sie richtig laufen. Auf den purpurroten Wegweisern des Habichtswaldsteigs ist ein weißer Habichtskopf abgebildet, die Extratouren sind mit H1 bis H9 auf purpurfarbenem Grund gekennzeichnet. Wo ausnahmsweise Markierungen fehlen (sie sind leider beliebte Souvenirs, obwohl sie in der Touristeninformation in Naumburg sogar verkauft werden), hilft dieser Wanderführer.

Aufgrund von Waldarbeiten kann es vorübergehend zu einzelnen Streckensperrungen kommen (Stand November 2021). Die Umleitungen sind ausgeschildert. Vor Ihrer Wanderung können Sie sich auf der Seite des Naturpark Habichtswald über mögliche Sperrungen und Umleitungen informieren.

https://www.naturpark-habichtswald.de/habichtswaldsteig/aktuelles-hwst

Zeit

Noch ein ernst gemeintes Wort zum Thema Zeit: Manche unerfahrenen Wanderer verkalkulieren sich mit den Wanderzeiten und rechnen mit 5 bis 6 km/h. Eine solch hohe Geschwindigkeit ist aber nur für voll durchtrainierte Sportskanonen zu halten, die weder Fotos machen noch Aussichten genießen. Wer mit Gepäck unterwegs ist, sich auch an der Landschaft und netten Gesprächen mit Zufallsbegegnungen erfreuen will, sollte eher mit 3 bis 4 km/h rechnen.

Wegbeschreibung

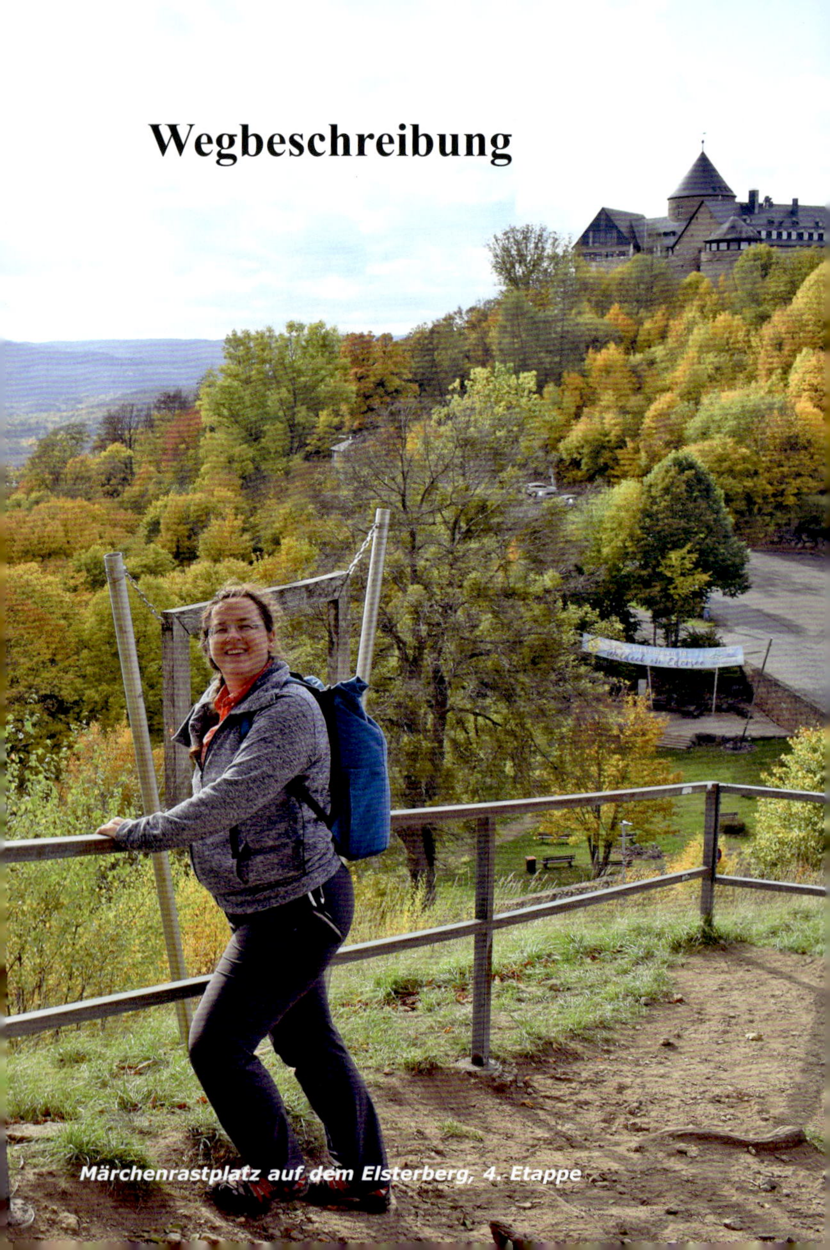

Märchenrastplatz auf dem Elsterberg, 4. Etappe

In Zierenberg, dem offiziellen Startpunkt des Habichtswaldsteigs, gibt es nur ein Hotel. Das ist oft leider bereits belegt, wenn Wanderer anfragen. Ziehen Sie deshalb auch den Nachbarort Breuna für die Übernachtung vor dem Wanderstart in Betracht.

Breuna

14 km
34479, 1.400 Einw.

Heimat- und Verkehrsverein Breuna, c/o Gemeinde Breuna, Volkmarser Straße 3, 056 93/98 98 14, www.breuna.de, verkehrsamt@breuna.de, Mo bis Fr 8:00 bis 12:00, Mo, Di 14:00 bis 15:00, Do 14:00 bis 18:00. Frau Dippel stellt individuelle und Pauschalangebote mit Unterkunft, Gepäcktransport und Shuttle zum Start bzw. vom Ziel zusammen.

Landhotel Sonneneck, Stadtpfad 2, 056 93/293, www.landhotel-sonneneck.de, booking@landhotel-sonneneck.de, Ü EZ ab € 49, DZ ab € 79, F € 8,80, € 10, @

Hotel Rappenhof, Grüner Weg 21, 056 93/99 59 54, 01 72/535 50 04, www.rappenhof-breuna.de, info@rappenhof-breuna.de, 8 Zimmer, ÜF EZ € 80, DZ € 130, € 15, landwirtschaftlicher Betrieb (Pferde, Schweine, Rinder) mitten im Grünen, @

Wohnmobilstellplatz Breuna, An der Märchenlandtherme, Schulstraße 5, 056 93/918 51 20, www.maerchenlandthermebreuna.de, gebührenfreier Stellplatz für 3 Mobile, € 3, @

Bus 120, 130 „Breuna, Kirchweg“

Breuna ist die nördlichste Gemeinde des Naturparks Habichtswald. Sie profitiert von der guten Anbindung an die A44. Touristen schätzen die historischen Fachwerkhäuser und die Märchenlandtherme. Das Alter der Breunaer Gerichtseiche mit einem Brusthöhenumfang von mehr als 6,50 m wird auf 400 Jahre geschätzt.

1. Etappe: Zierenberg – Herkulesstatue

19,5 km, 6 Std. 30 Min., 697 m, 445 m, 247-557 m

0,0 km	281 m	Zierenberg, Markt
2,0 km	394 m	Blaue Steine
2,5 km	455 m	Großer Schreckenberg

5,5 km	⇧ 376 m	Alpenpfad
9,1 km	⇧ 433 m	Café Helfensteine
9,9 km	⇧ 486 m	Helfensteine
11,1 km	⇧ 577 m	Hoher Dörnberg
16,0 km	⇧ 487 m	Märchenrastplatz am Silbersee
18,5 km	⇧ 523 m	Märchenrastplatz Riesenbank
19,5 km	⇧ 521 m	Herkulesstatue ⌘

Für viele Wanderer ist diese erste Etappe des Habichtswaldsteigs gleichzeitig die schönste Etappe. Aus dem malerischen Fachwerkdorf geht es steil hinauf zum bewaldeten Schreckenberg mit seinem Aussichtsturm. Auf dem Alpenpfad geht es zu den Helfensteinen und hinauf zum Hohen Dörnberg. Durch alte Hutelandschaften führt der Weg zur Herkulesstatue, wo der Wandertag mit weiten Blicken in den Bergpark und über die Stadt Kassel endet.

Gestartet wird am Zierenberger Rathaus

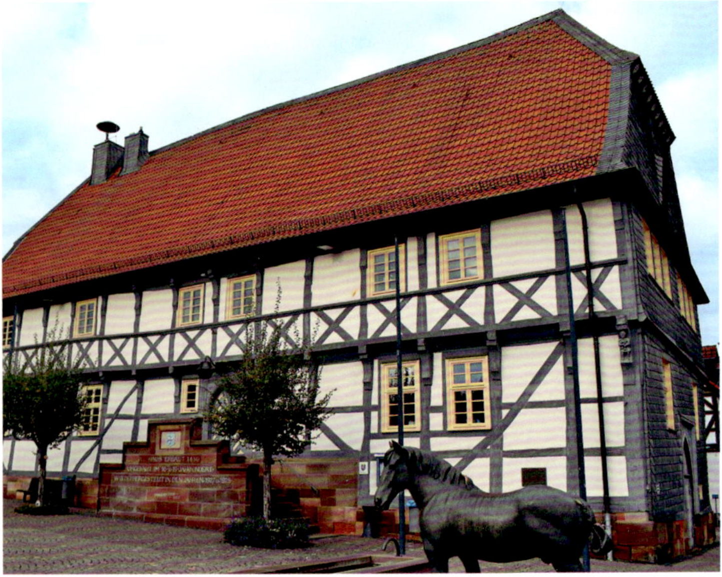

Zierenberg

34289, 4.000 Einw.

Stadt Zierenberg. Poststraße 20, ☎ 05 606/51 91 25, www.stadt-zierenberg.de, touristinfo@stadt-zierenberg.de, am Weg, Mo bis Fr 8:00 bis 12:00, Mo bis Mi 14:00 bis 16:00, Do 15:00 bis 18:00

Hotel Kasseler Hof, Marktplatz 2, ☎ 056 06/32 81, www.kasseler-hof.de, kasseler.hof@t-online.de und info@kasseler-hof.de, am Weg, 11 Betten, Ü EZ ab € 55, DZ ab € 80, DBZ ab € 95, € 10, F € 5, @

Campingplatz „Zur Warme“, Im Nordbruch 2, ☎ 056 06/39 66, 01 73/281 99 29, www.campingplatz-zierenberg.de, camping.zierenberg@t-online.de, 1 km, Zelt € 4-5, Ü € 5,50, € 2, 2,50, Müll € 1, mit Gaststätte, Biergarten, Minigolf, @

RB4, RT4 „Zierenberg, Bahnhof“. Den Marktplatz in Zierenberg, den Startpunkt Ihrer Wanderung, erreichen Sie vom Bahnhof über die Straße „An der Bahn“, dann gehen Sie rechts (Mittelstraße) und links (Marktplatz).

Bus 118 „Zierenberg, Bahnhof“

BM Fahr- und Kurierdienst, ☎ 056 06/551 66 16

Das Fachwerkstädtchen **Zierenberg** wurde wegen seiner Nähe zu einigen Wanderhighlights zu Recht zum Startpunkt des Habichtswaldsteigs auserkoren. Die gute Erreichbarkeit mit der Regionalbahn und über die Autobahn war sicherlich ein weiteres Argument. Mit dem Bau der Kirche wurde 1293 begonnen, bis heute beeindruckt die gotische Hallenkirche mit ihrem 48 m hohen Turm. Auch ohne Beratungswunsch ist das Rathaus einen zweiten Blick wert, denn immerhin handelt es sich dabei um das älteste Fachwerk-Rathaus in ganz Hessen.

Sie beginnen Ihre Wanderung auf dem **Marktplatz** in Zierenberg. Laufen Sie auf das Metallpferd an der **Touristeninformation** zu, kreuzen Sie die Poststraße und folgen Sie geradeaus der Gerichtsgasse, dabei kreuzen Sie die Burgstraße. Am Ende der Gerichtsgasse steigen Sie eine Treppe hinab und biegen unten nach rechts ab. Sie erreichen die Kasseler Straße und laufen (etwa 10 m nach rechts versetzt) gegenüber auf dem Fußweg weiter.

An der Sporthalle biegen Sie scharf links ab und gehen bis zur **Elisabeth-Selbert-Schule**, dort gehen Sie nach rechts bis zum Sportplatz und links zur Warme. Neben dem Bach laufen Sie etwa 30 m nach rechts und folgen dann der Metallbrücke über die **Warme**.

Geradeaus laufen Sie zum nächsten Schulgebäude. Gehen Sie vor der **Fritz-Schmidt-Schule** nach links und hinter dem Schulgelände für einige Meter nach rechts, dann links über eine Wiese und eine Treppe hinauf. Am Treppenkopf folgen Sie der Neißer Straße nach links. An ihrem Ende trifft sie auf die Feriendorfstraße, hier wandern Sie noch für weitere 100 m geradeaus weiter, dann rechts den Waldweg hinauf.

Wenn ein Teerweg in Sicht kommt, biegen Sie scharf links ab und wandern stetig bergauf. An einem Querweg gehen Sie geradeaus weiter zu einer Spitzkehre, die Sie nach rechts zu einem Geröllfeld bringt. Das sind die sogenannten **Blauen Steine**. Diese Blocksteinhalde aus grauem Basaltgestein ist ein Naturdenkmal und wirkt je nach Lichteinfall tatsächlich bläulich.

Die Extratour H2 (☞ Seite 82) führt hier geradeaus weiter, auf dem Habichtswaldsteig folgen Sie hingegen links dem Pfad durch die Serpentinen über das Geröllfeld zu zwei Sitzbänken. Nach der letzten Kehre steigen Sie geradeaus zum Schreckenbergturm auf dem **Großen Schreckenberg** (455 m) ❶ hinauf. Der 15,5 m hohe Turm aus dem Jahr 1911 kann bestiegen werden und bietet einen eindrucksvollen Ausblick auf die Zierenberger Altstadt und ins Umland.

Vor dem Turm geht es halb rechts bergab durch jungen Mischwald. An einer Rastbank laufen Sie nach rechts und an der nächsten Bank geradeaus zu einer Lichtung, dort nach rechts zu einem Forstweg, den Sie um etwa 5 m nach rechts versetzt überqueren. Ignorieren Sie alle Rückegassen (unbefestigter forstwirtschaftlicher Weg) und folgen Sie an der T-Kreuzung dem nach links führenden Weg zu einer Schutzhütte hinter einer **Eibengruppe**.

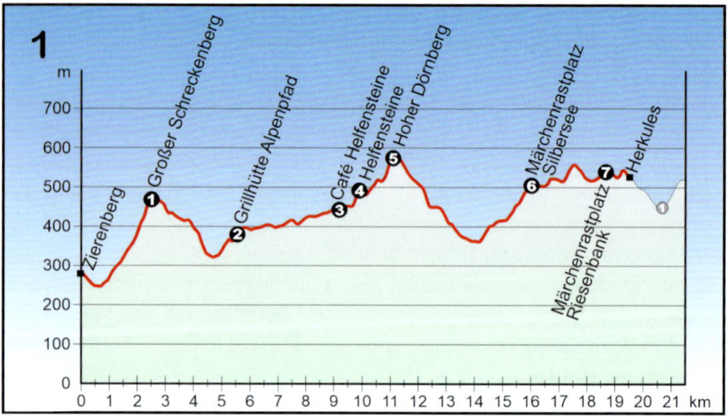

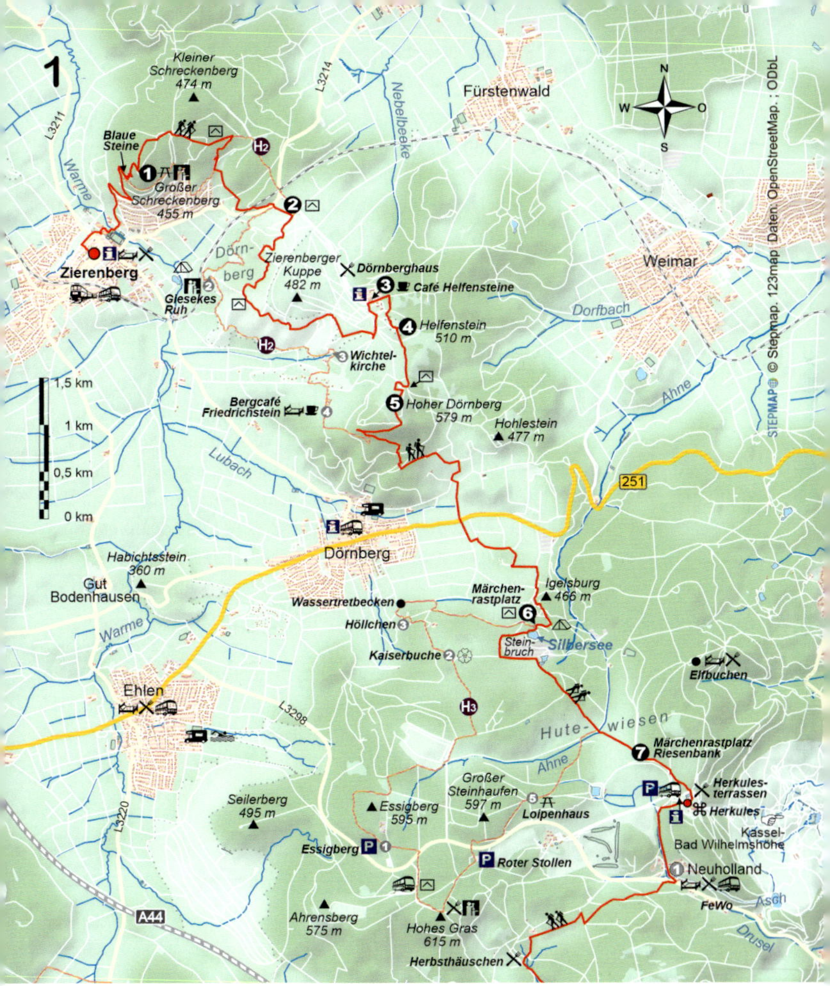

Am nächsten Wegweiser führt der H2 geradeaus weiter, ✋ Sie hingegen folgen dem Habichtskopf nach rechts bergab zu einer Wegkreuzung. Lassen Sie sich auch hier vom H2 nicht verwirren, der hier halb rechts weiterführt. Sie wandern halb links bergab über eine Freifläche zu einer T-Kreuzung und gehen dort nach rechts. Etwas nach links versetzt kreuzen Sie einen Waldweg und gehen an der nächsten Pfadkreuzung links bergauf durch einen **Kiefernwald**.

An der T-Kreuzung laufen Sie nach rechts bis zu einer Gabelung. Hier geht es nach links die Treppe hinauf und noch eine Weile parallel zur Dörnbergstraße (L3214). Dann nehmen Sie den Pfad nach rechts und überqueren die L3214. Auf der anderen Straßenseite betreten Sie das **Naturschutzgebiet Dörnberg**. Es umfasst weite Bereiche des Dörnbergmassivs mit seinen Kalkmagerwiesen, auf denen sogar Orchideen und Enzian wachsen. An den Hängen der offenen Buschlandschaft wächst vorwiegend Wacholder, vereinzelt auch Schwarzdorn.

Der H2 führt nach rechts, Sie folgen dem Habichtswaldsteig nach links. Dabei wandern Sie auf einem Grasweg bergauf, auf dem Magerrasen wachsen mannshohe Wacholdersträucher und an die Alpen erinnernde Blumen. Kein Wunder also, dass der Erdweg, dem Sie oben an der **Grillhütte** ❷ nach rechts folgen, Alpenpfad genannt wird. Er führt mit schönen Talblicken auf der Anhöhe zu einem Abzweig. Hier gehen Sie geradeaus Richtung Schutzhütte Wichtelkirche.

An einer Bank mit Aussicht auf das Viadukt bleiben Sie geradeaus auf dem Weg Richtung Wichtelkirche. Unterhalb der **Schutzhütte** führt der Weg unterhalb der Zierenberger Kuppe (482 m) weiter durch das riesige Wacholdergebiet und über einen Steg. Sie erreichen ein Drehtor, hinter dem der Habichtswaldsteig am Rand des **Segelfluggeländes** nach rechts geführt wird.

Lassen Sie sich von den Warnschildern des Segelvereins nicht irritieren: Das Wandern auf dem markierten Habichtswaldsteig ist auch an Flugtagen erlaubt, denn er führt außen um den Flugplatz herum. Sie dürfen die Grasfläche nicht betreten und sollten die startenden und landenden Flugzeuge im Auge halten.

Die Dörnberghuten

Werden Sie auch von dem Weidevieh beäugt, während Sie über die Grasfläche laufen? Die Tiere haben eindeutig die älteren Rechte, denn die Rinder-, Schaf- und Ziegenherden werden von ihren Tierhaltern bereits seit dem Mittelalter auf die unbewaldeten Grünlandbereiche des Dörnbergmassivs getrieben.

An einer T-Kreuzung laufen Sie nach links auf die Helfensteine zu und wenden sich auf Höhe eines Viehgatters erneut nach links. Bevor Ihr Weg richtig steil wird, geht es nach links zu einem **Drehtor** im Zaun.

☺ Wer nicht zum Café, zum Naturparkzentrum oder zur Bushaltestelle möchte, kann auch leicht rechts weiter gehen und trifft nach etwa 120 m wieder auf den Habichtswaldsteig.

⌘ Naturparkzentrum Habichtswald, Auf dem Dörnberg 13, ☏ 056 06/53 32 66, www.naturpark-habichtswald.de, info@naturpark-habichtswald.de, 100 m, März bis Okt Di bis So 10:00 bis 17:00, Nov bis Feb Di bis Fr 12:00 bis 16:00, Sa, So 10:00 bis 16:00. Für das Zentrum ist ein Umbau geplant, das kann zu längeren Schließungen führen.

Tagungshaus Lebensbogen, Am Dörnberg 13, ☏ 056 06/563 90 73, www.tagungshaus-lebensbogen.de, am Weg, FeWo für bis zu 8 Personen, Ü € 105 (1 Pers.) – € 280 (8 Pers.) für 1 Nacht, 2 oder mehr Nächte sind günstiger. In dem Tagungshaus können bei Belegungslücken auch Wanderer übernachten, mit etwas Glück auch zu den Mahlzeiten dazu schlüpfen. ÜF EZ € 50, DZ € 60, DBZ € 75, jeweils plus € 10 Bettwäsche/Handtücher, Selbstkocherküche für 3-25 Personen € 100 pro Tag, , nach Absprache möglich

Dörnberghaus, Auf dem Dörnberg 11, ☏ 056 06/85 00, Fr bis So 11:30 bis 18:00

Café Helfensteine, Am Dörnberg 13, www.cafe-helfensteine.de, am Weg, Sa 11:00 bis 17:00, So 11:00 bis 18:00, Vertrauenskiosk mit Knabbereien und kalten Getränken Mo bis Fr 11:00 bis 18:00

Bus 118 „Naturparkzentrum", Sa, So, Fei alle 2 Std (er startet in Kassel-Wilhelmshöhe als Buslinie 110)

Vor dem Café Helfensteine ❸ gehen Sie rechts die Straße hinauf in den Wald. Nach etwa 50 m folgen Sie dem Pfad nach rechts zu einem Drehtor und gehen dahinter links bergauf zum **Helfenstein** (auch Helfensteine genannt) (509,8 m) ❹.

⌘ Ob Helfenstein oder Helfensteine, diese eindrucksvolle Gruppe von Basaltfelsen auf einer Rasenkuppe war wahrscheinlich ein keltisches Naturheiligtum. Rund um die Felsen wurden zudem Keramikscherben aus dem 6. und 5. vorchristlichen Jahrhundert, also aus der späten Hallstattzeit bzw. der frühen Latènezeit gefunden. Auf der Westseite des höheren Felsens verlaufen ein Graben und ein Wall, in deren Nähe Scherben aus dem 12./13. Jahrhundert gefunden wurden. Diese Funde – und der benachbarte Flurname Immelburg lassen vermuten, dass auf diesem Felsen eine hochmittelalterliche Burg stand.

Dahinter halten Sie sich links und laufen über Geröll auf der Anhöhe zu einem weiteren Felsen. Der Weg führt rechts daran vorbei und hinter dem nächsten Drehtor nach rechts. Hinter einem Zaundurchlass entdecken Sie eine Entspannungsliege und gehen oberhalb einer großen Hütte nach rechts.

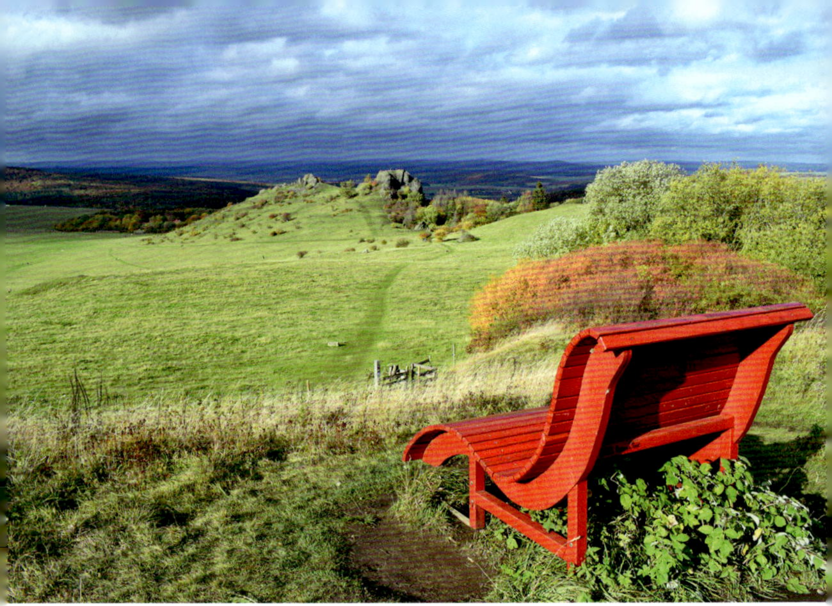

Blick vom Hohen Dörnberg zurück zu den Helfensteinen

Neben einer **Felswand** zeigt die Markierung genau geradeaus weiter, dahin führt aber kein Weg. Gemeint ist wohl der nach rechts führende Weg, jedenfalls führen die weiteren Markierungen zurück zur Grasfläche und, nachdem Sie links abgebogen sind, durch zwei weitere Tore zu einer Infotafel („Wallanlage"). (Die meisten Wanderer entscheiden sich an der uneindeutigen Markierung neben der Felswand aber intuitiv für den linken Pfad. Dieser ungeplante Trampelpfad ergab sich erst nach Ende der Habichtswaldsteig-Markierungsarbeiten. Der Pfad führt bergauf zu einer T-Kreuzung. Wer hier scharf links und nach 40 m vor einer Sitzbank rechts geht, erreicht ebenfalls die **Infotafel**.)

An der Infotafel steigen Sie auf einem Pfad den **Hohen Dörnberg** (579 m) ❺ hinauf, dort gibt es eine ⊙ Mittelgebirgsstürmer-Stempelstelle.

Der Hohe Dörnberg war schon im 3. Jahrtausend v. Chr. besiedelt. Auf dem Gipfelplateau ist noch an einigen Stellen die Struktur des gut 1 km langen **Ringwalls** auszumachen, der in Form eines Dreiecks angelegt war. Es wird in die Jungsteinzeit datiert. Eine ungewöhnlich lange Besiedlung ist für die Eisenzeit nachzuweisen.

An einer Gabelung folgen Sie dem linken Pfad. Die Herkulesstatue kommt in Sicht und gibt Ihnen eine Ahnung von der Richtung und Entfernung des heutigen Etappenendes.

Der Weg führt nun stetig bergab durch **Buchenhallenwald**. Nach einer Linkskurve führt der H2 nach rechts weg, Sie bleiben auf dem geradeaus führenden Habichtswaldsteig.

Bergcafé Friedrichstein, Friedrichstein 7, 056 06/531 00 00, www.bergcafe-friedrichstein.de, info@bergcafe-friedrichstein.de, 600 m (über H2), 4 FeWo, 1 Pers. € 38, 2 Pers. € 63, 4 Pers. € 83, auf Anfrage € 5

Sie kommen zu einer Wegkreuzung, an der Sie geradeaus zu einem Forstweg laufen, dort gehen Sie nach rechts. An der nächsten Gabelung gehen Sie nach links und nach 50 m erneut nach links. Gut 100 m hinter dem Ende des Waldes folgen Sie dem Weg nach rechts hinab zu einer Infotafel mit Sitzbank. Gehen Sie nach rechts bis zu einer Kreuzung, dort links den Teerweg hinab zu einer T-Kreuzung und nun nach rechts zur **Wolfhager Straße** (B251), sie führt rechts nach Dörnberg und Ehlen, die zusammen die Gemeinde Habichtswald bilden.

Habichtswald-Dörnberg

, 1 km
34317, 2.400 Einw.

Gemeinde Habichtswald, Breiter Weg 4, 056 06/599 60, www.habichtswald.de, info@habichtswald.de, 1,4 km, Mo bis Fr 8:00 bis 12:30, Di, Do 13:30 bis 16:00, Mi 14:00 bis 18:00

Wohnmobilstellplatz Dörnberg, Bergweg, 056 06/599 60, 1,4 km, April bis Sep. Den Schlüssel für und WC gibt es für € 20 Pfand an der bft-Tankstelle.

Schon im 11. Jh. war Dörnberg ein bedeutendes Kirchdorf, um das Jahr 1160 wurde die damalige Kapelle durch eine größere Kirche ersetzt. Der Kirchturm war gleichzeitig Wehrturm für das Dorf und hat deshalb in etwa 6 m Höhe noch den alten Einstieg. Die bis heute erhaltene Kirche stammt aus dem 15. und 16, Jh.

Bus 22, 110, 118 „Dörnberg, Mitte“

Habichtswald-Ehlen

4 km
34317, 2.700 Einw.

Ehlener Poststuben, Kasseler Straße 11, 056 06/561 01 00, www.ehlenerpoststuben.de, miroslav.grasa@t-online.de, 4,1 km, ÜF EZ € 55, DZ € 80, @

FeWo Weitblick, Sandweg 7, ☏ 056 06/602 22,
https://ferienwohnung-weitblick.twebsite.info,
fewo-weitblick@schmolls.email, 4,3 km, 3 Betten, Ü für 2 Pers. € 51, 3 Pers. € 62, unter 3 Nächte € 15 Aufschlag, Servicepauschale € 45, @

Wohnmobilstellplatz Ehlen, Hasenbreite (neben dem Freibad), ☏ 056 06/599 60, 4,4 km, April bis Sep. Den Schlüssel für und WC gibt es für € 20 Pfand an der Freibadkasse.

Der Turm der Ehlener Kirche wurde im 12. Jahrhundert als Wehrturm erbaut, das Kirchenschiff entstand im 17. Jh.

Erlebnisbad Habichtswald, Hasenbreite, ☏ 056 06/90 35,
www.erlebnisbad-habichtswald.de, Mai bis Mitte Sep

Bus 22, 110, 118 „Ehlen, Mitte“

Sie kreuzen die Bundesstraße und wandern auf einer **Apfelbaumallee** bergauf. Nach etwa 250 m biegen Sie links auf einen Feldweg ab und gehen hinter der Hecke nach rechts. Bleiben Sie auf dem Feldweg neben der Hecke, auch wenn er an einer Gabelung einen Rechtsbogen macht. An der T-Kreuzung biegen Sie nach links ab und an der nächsten T-Kreuzung nach rechts.

Auf der linken Seite gehen Sie an einer Sitzbank auf einem Holzsteg über den Graben. Folgen Sie dem Pfad bergauf, linker Hand ist durch die Bäume die Kuppe das Bergs **Igelsburg** (466 m) zu sehen, auf der im 12. Jahrhundert eine gleichnamige Burg stand. Im Frühjahr blüht hier großflächig das Immergrün.

Der Junge mit den Schlüsselblumen

Die Sage erzählt von Klosterfrauen, die Gott für ihr lasterhaftes Leben bestrafte, indem er sie in den Felsen unter der Igelsburg verbannte. Nur die Tat eines unschuldigen Kindes konnte sie retten. In dieser Zeit wunderte sich ein Kuhhirte, warum eine seiner Kühe immer mit leerem Euter von der Weide kam, obwohl sie kein Kalb hatte. Er schickte seinen Sohn der Kuh hinterher. Dieser beobachtete, wie sich im Fels ein Tor öffnete und die Kuh in eine geheime Schatzkammer lief. Dort labten sich die Jungfrauen an ihrer Milch, sie waren umgeben von glitzerndem Gold und blinkenden Edelsteinen. Dem staunenden Jungen erlaubten sie, das Schönste zu nehmen, was er sah. Spontan entschied er sich für einen Strauß mit Himmelschlüsseln. Diese unschuldige Geste befreite die verwunschenen Jungfrauen und bescherten dem Kuhhirten und seiner Familie unfassbaren Reichtum.

An der nächsten Gabelung laufen Sie nach links bergauf zu einem Forstweg, diesem folgen Sie nach links bis zum Rettungspunkt KS-585. Dort gehen Sie nach rechts bergauf und auf der Anhöhe geradeaus zum Märchenrastplatz am **Silbersee** ❻ mit Picknicktischen und einer Schutzhütte. Hier kommt von rechts die Extratour H3 (☞ Seite 89) hinzu.

Jugendzeltplatz Silbersee, Zweckverband Naturpark Habichtswald, ☎ 05 61/10 03 11 18 (Anja Kilkowski), www.naturpark-habichtswald.de, anja-kilkowski@landkreiskassel.de, 100 m, Ü € 4,50 p. P., aktuell noch eine Nutzungspauschale für die Kabinentoilette von € 40, der Platz soll aber auf Komposttoiletten umgestellt werden, deren Nutzung im Preis enthalten sein wird, Brauchwasser € 25 je Lieferung,

Der idyllische See entstand nach dem Ende des Basaltabbaus. Auf der rechten Seite der **Basaltsäulen** wandern Sie auf dem Pfad bergauf. Oben halten Sie sich rechts von der Bank und gehen an einer Einmündung geradeaus weiter. An der T-Kreuzung nehmen Sie den nach links führenden Weg und nehmen etwa 600 m dahinter an der Gabelung den rechten Weg. Er führt bergauf und kreuzt einen Schotterweg.

Sie passieren eine alte Hutebuche. Eine Infotafel erläutert die Historie und Bedeutung der **Hutebäume**. Das sind einzelne oder in kleinen Gruppen wachsende Bäume mit ausladender Krone, die dem Weidevieh Schatten und Futter bieten, z. B. Bucheckern, Kastanien und Eicheln. Es ist für Bäume gar nicht leicht, in beweidetem Gebiet zu wachsen, ohne vom Weidevieh gefressen oder von dessen Ausscheidungen überdüngt zu werden. Oft schützen die Landwirte junge Hutebäume durch Dornsträucher, bis sie eine überlebensfähige Größe haben.

Durch ein Törchen betreten Sie eine Weide, überqueren diese und gelangen durch ein zweites Törchen zu einem Schotterweg. Hier führt der H3 nach rechts, Sie bleiben auf dem Habichtswaldsteig, der geradeaus auf einer Holzbrücke über die **Ahne**, durch ein Tor und bergauf über eine Weide mit Galloway-Rindern weiterführt.

Queren Sie den Teerweg und gehen Sie hinauf zum **Märchenrastplatz Riesenbank** ❼ („Lassen Sie einfach mal Beine und Seele baumeln!“). Dort laufen Sie nach rechts zur Zufahrt des Hotels Elfbuchen (☞ Kassel-Bad Wilhelmshöhe, S. 43). Diese kreuzen Sie und kommen zum Parkplatz des Restaurants Herkulesterrassen. Hier halten Sie sich rechts und gehen auf dem Schotterweg zur Herkulesstatue.

Herkules

Vom Oktogon, einem achteckigen Grottenbauwerk am oberen Ende des Kasseler Schlossparks, haben Sie eine großartige Aussicht auf die barocke Anlage von Schloss Wilhelmshöhe. Sie gehört seit 2013 zum UNESCO-Welterbe. Auf dem Oktogon befindet sich eine ebenfalls begehbare Pyramide. Das Wahrzeichen von Kassel, der Herkules, lehnt lässig gegen die Pyramidenspitze, sein Blick geht in die Ferne über die ganze Stadt und das Umland. Zwischen 1713 und 1717 schuf der Goldschmied Johann Jakob Anthoni die 8,30 m hohe Figur. Sie gilt als eine der frühesten kupfergetriebenen Monumentalstatuen weltweit.

Aussicht am Herkules auf den Bergpark

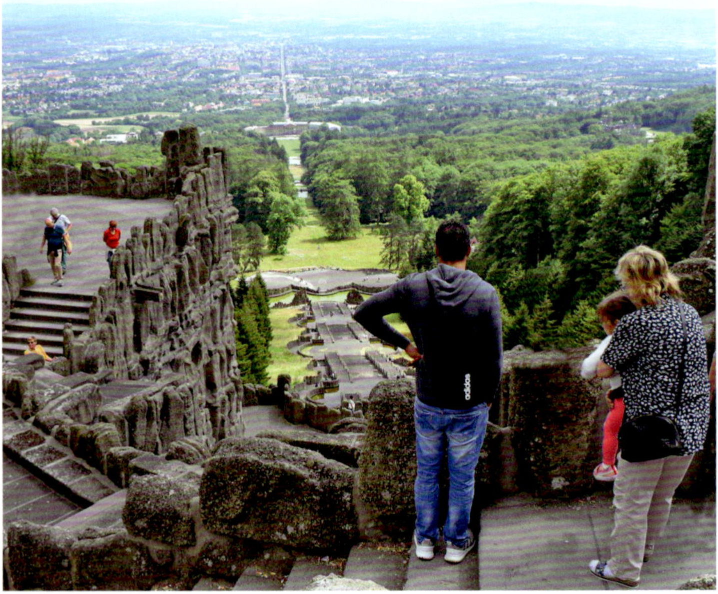

ℹ Besucherzentrum Herkules, Schlosspark 28, ☎ 05 61/31 68 07 81, 💻 www.museum-kassel.de, ✉ bzherkules@museum-kassel.de, ➲ 100 m, 🚪 April bis Okt Di bis So, Fei 10:00 bis 17:00

Herkulesterrassen, Schlosspark 26, 05 61/93 73 19 10,
www.herkules-terrassen.de, am Weg, tägl. ab 11:00, Nov bis Feb: Mo Ruhetag

Oktogon und Herkulesstatue, Schlosspark 28, 05 61/31 68 07 81,
www.museum-kassel.de, April bis Okt Sa bis So, Fei 10:00 bis 17:00

Bus 22 „Kassel, Herkules“ (zu den Unterkünften in Neuholland, im Druseltal, in Dörnberg und Ehlen)

Durch den Bergpark, er wird bei Adressen als Schlosspark bezeichnet, können Sie nach Bad Wilhelmshöhe absteigen, um sich das Schloss anzusehen oder im Schlosshotel zu nächtigen.

Kassel-Bad Wilhelmshöhe

34117, 12.000 Einw.

Waldhotel Elfbuchen, Elfbuchen, 05 61/96 97 60,
www.waldhotel-elfbuchen.de, info@waldhotel-elfbuchen.de, 1,7 km,
11 Zimmer, mit Biergarten (Mi + Do Ruhetag), Aussichtsturm

Schlosshotel Kassel Conference & SPA, Schlosspark 8, 0561/308 80,
www.schlosshotel-kassel.de, info@schlosshotel-kassel.de, 2,7 km,
130 Zimmer, ÜF EZ ab € 100, DZ ab 120 €, nach Anmeldung € 25. Großer Wellnessbereich @

Jugendherberge Kassel, Schenkendorfstraße 18, 05 61/77 64 55,
www.jugendberberge.de, jh-kassel@jugendherberge.de, 7 km,
209 Betten, ÜF EZ € 36, DZ € 67, im MBZ € 26, Aufschlag über 17 Jahre € 6, @
Jugendherbergsausweis erforderlich.

Schloss Wilhelmshöhe: Das bekannteste Gebäude im Bergpark beherbergt ein Museum mit einer Antiken-Sammlung, einer Graphischen Sammlung und die Gemäldegalerie Alte Meister. Sie legt ihren Schwerpunkt auf holländische und flämische Malerei des 17. Jh. und gilt als eine der bedeutendsten Rembrandt-Sammlungen der Welt. ☺ Wenn Sie das Schloss besichtigen wollen, sollten Sie am Herkules einen Extra-Tag einplanen, denn der Weg durch den Bergpark hinab zum Schloss und zurück wird sonst Ihren Zeitplan sprengen.

♦ Schlosspark 1, 05 61/31 68 00, www.museum-kassel.de,
Di bis So, Fei 10:00 bis 17:00

☺ Am Anfang der 2. Etappe finden Sie in Neuholland weitere Übernachtungsmöglichkeiten.

2. Etappe: Herkulesstatue – Bad Emstal

23,5 km, 7 Std. 30 Min., 518 m, 698 m, 284-527 m

0,0 km	521 m	Herkules
1,1 km	436 m	Neuholland
3,3 km	476 m	Herbsthäuschen
4,4 km	400 m	Firnsbachtal
8,5 km	486 m	Schauenburg
9,1 km	414 m	Hoof, Gasthaus & Hotel Himmel
11,6 km	393 m	Breitenbach, Wanderparkplatz Langenberger Hute (Abzweig nach Breitenbach)
16,9 km	462 m	Falkenstein
18,0 km	418 m	Schutzhütte Altenburg
19,4 km	343 m	Wanderparkplatz Altenburg (Abzweig nach Niedenstein)
20,0 km	353 m	Engels Ruh
21,0 km	288 m	1. Abzweig nach Bad Emstal (1,3 km)
22,5 km	339 m	Wanderparkplatz Erzeberg (2. Abzweig nach Bad Emstal, 1,2 km)
23,5 km	360 m	3. Abzweig nach Bad Emstal (1,7 km)

Diese Etappe beginnt mit dem Abstieg vom Habichtswaldplateau ins Firnsbachtal. Hier ging es nicht immer so friedlich zu wie heute, davon künden die eng beieinanderstehenden Ruinen der Schauenburg, der Burg Falkenstein und der Wallanlage Altenburg. Der dichte Märchenwald und die offene Hutelandschaft sind kaum besucht und stehen damit in einem verblüffenden Kontrast zu den gestrigen Touristenmagneten Dörnberg und Herkules.

Wenn Sie es gestern nicht schon getan haben, wollen Sie sicher vor dem Etappenstart einen schnellen Blick in den Bergpark Kassel werfen oder das Oktogon besteigen, bevor Sie unmittelbar vor dem **Herkules** rechts Ihre Wanderung auf dem Habichtswaldsteig fortsetzen.

Sie überqueren die Zufahrt zum Herkules und wandern auf einem Waldweg bergab. Sie kreuzen einen Schotterweg und streifen einen Parkplatz, an dem Sie sich links halten. Laufen Sie nun immer geradeaus, bis Sie das Hotel am Herkules in **Neuholland** ❶ erreichen.

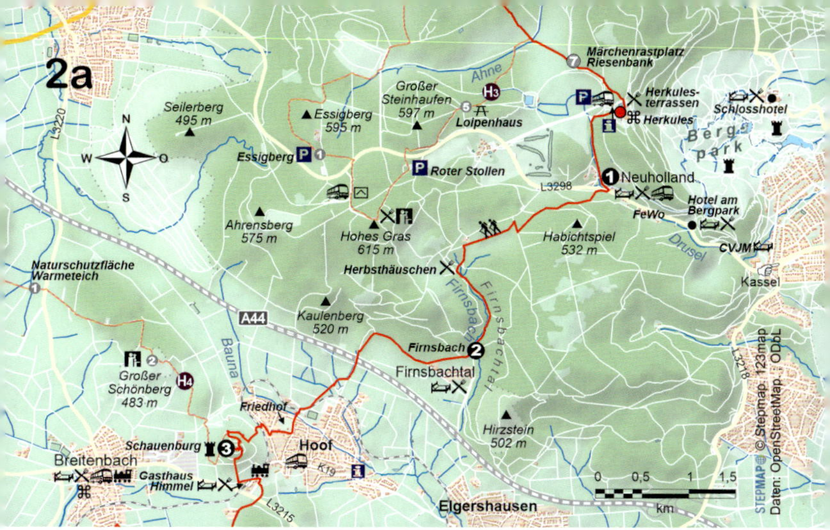

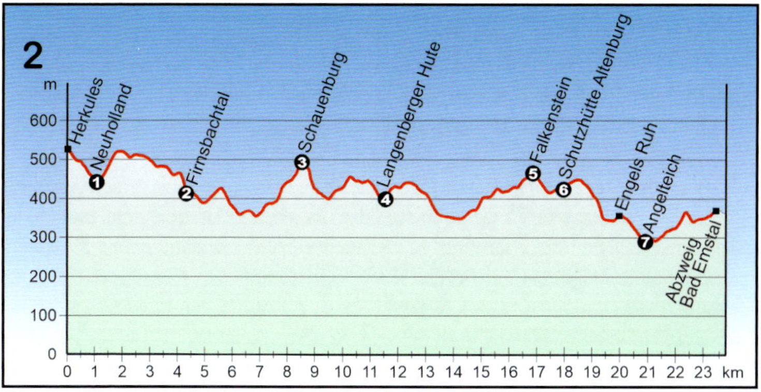

Neu Holland, Hüttenbergstraße 6, 05 61/332 29, www.neu-holland.com, tangri@t-online.de, am Weg, ÜF EZ ab € 45, DZ ab € 80, DBZ ab € 105,

Hotel am Bergpark, Im Druseltal 42, 05 61/308 00, www.hotel-am-bergpark.com, rezeption@hotel-am-bergpark.com, 1 km, Ü EZ ab € 60, DZ ab € 90, F € 9,50, @

Hotel am Herkules, Hüttenbergstraße 14-16, 05 61/81 67 55 80, www.hotel-am-herkules.de, info@hotel-am-herkules.de, am Weg, ÜF EZ ab € 70, DZ ab € 100, Zusatzbett € 30, @, Gartensauna, Waffelcafé

FeWo „Am Bergpark“, Im Druseltal 85 A, ☏ 05 61/940 27 16, www.ferienwohnung-kassel.de, info@ferienwohnung-kassel.de, ➲ 550 m, 4 FeWo mit 10 Betten und 7 weiteren Plätzen auf Schlafsofas, Ü € 40 (für Einzelperson € 60), € 10, Endreinigung € 35-50, Garten mit Grill und Pavillon, @

♦ CVJM Tagungshaus, Hugo-Preuß-Straße 40a, ☏ 05 61/30 895 11, www.cvjm-tagungshaus-kassel.de, tagungshaus@cvjm.de, 2 km, 50 Betten, Ü EZ € 59, DZ € 84, ÜF EZ € 66, DZ € 98, @

Bus 22 Kassel Neuholland (Verbindung zu den Unterkünften im Druseltal und CVJM)

Sie kommen zur Ehlener Straße (L3298). Auf der anderen Straßenseite befindet sich ein Parkplatz, gehen Sie zu seinem äußersten Ende und halten Sie Ausschau nach einem Waldweg. Er bringt Sie bergauf, nehmen Sie an der nächsten Gabelung den linken Weg. Er wird zum Pfad und trifft hinter einer Weide auf einen anderen Pfad. Folgen Sie diesem nach rechts zu einem **Funkmast**. Dessen Zufahrt kreuzen Sie und folgen geradeaus dem Pfad zurück in den Wald hinein.

Sie kommen zu einem Forstweg, dem Sie nach rechts folgen. An der Kreuzung vor einer Weide biegen Sie rechts ab und gehen am Ende der Weide nach links am Waldrand entlang. Nehmen Sie bei nächster Gelegenheit den nach links führenden Grasweg. Er bringt Sie quer über eine Wiese.

☺ Unten angekommen führt der markierte Weg quer über einen mit Gras bewachsenen Hang bis in die äußerste Ecke der Wiese. Von dort geht es dann im spitzen Winkel zurück. Sie hingegen können genau geradeaus gehen auf einem Trampelpfad, der direkt zur Brücke führt.

Folgen Sie dem Teerweg nach links am Rettungspunkt KS-579 vorbei zu einer Kreuzung. Hier befand sich die Alte Zeche Ziegenkopf. Hier geht es rechts zum ✕ **Herbsthäuschen**, der Habichtswaldsteig führt weiter nach links zum Firnsbachtal.

✕ Waldgaststätte Herbsthäuschen, Ehlener Straße 17, ☏ 05 61/388 82, www.herbsthaeuschen.de, ➲ 50 m, Di bis So 11:00 bis 18:00

An einer Infotafel zu den Stollen der Kohlebergwerke aus dem 16. Jh. laufen Sie links auf einem Weg weiter, auf dem nach Regenfällen tagelang Wasser steht und fließt.

Oberhalb des Firnsbachs gehen Sie bis zu einer Gabelung und dort nach rechts bergab. Der Pfad wird schmaler und führt auf zwei Brücken über urige Steige durch das fast schon klammartige Firnsbachtal zu einer Wegkreuzung. Hier gehen Sie nach rechts über die Brücke oder durch die Furt auf die andere Seite des **Firnsbachs ❷**.

Sie erreichen eine Straße, die nach links in das Örtchen **Firnsbachtal** führt.

🛏 Pensionshaus Firnsbachtal, Firnsbachtal 2b. ☏ 056 01/21 54,
💻 www.pensionshaus-firnsbachtal.de, ✉ firnsbachtal@t-online.de, ➲ 350 m,
ÜF EZ ab € 35, DZ ab € 58, 🐕

✕ Landgasthof Unteres Firnsbachtal, Firnsbachtal 16, ☏ 05 601/92 05 50,
💻 www.unteres-firnsbachtal.de, ➲ 250 m, 🚪 Fr, Sa, So ab 12:00

Der Habichtswaldsteig führt geradeaus am Waldrand entlang zu einer uralten **Eiche**. Dort nehmen Sie an der Gabelung den linken Weg und laufen auf dem Grasweg am Waldrand weiter zu einem ⩚ Picknicktisch und weiter geradeaus hinter den Gärten von Firnsbachtal entlang.

Rastplatz im Firnsbachtal

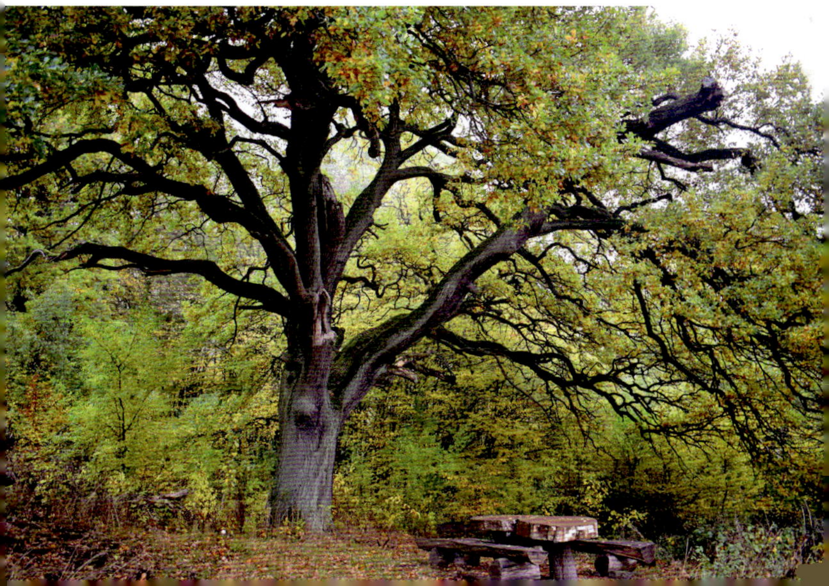

Hinter dem letzten Zaun folgen Sie halb rechts dem Waldweg, der schmaler wird und als wurzeliger Pfad stetig bergauf führt. Sie passieren das Hinweisschild für ein Trinkwasserschutzgebiet und eine **Bank mit Dach**. An der Gabelung mit einer weiteren Rastbank halten Sie sich links.

Sie treffen auf einen Wirtschaftsweg, dem Sie nach links folgen und auf dem Sie die **A44** unterqueren. Sie gehen geradeaus bis zu einem ⛼ Picknicktisch, dort biegen Sie nach rechts ab. An der Kreuzung gehen Sie geradeaus weiter bis zu Bahngleisen, dann halb rechts zu einer T-Kreuzung. Biegen Sie nun links ab und laufen Sie unter der Bahnstrecke hindurch nach Schauenburg. An der Infotafel gehen Sie auf der Herkulesstraße geradeaus über die **Bauna**.

Schon an der nächsten Kreuzung verlassen Sie die Herkulesstraße und folgen dem Weg genau rechts davon. Er führt am **Friedhof** entlang zur Friedhofsstraße, der Sie nach rechts folgen. Sie macht einen Linksbogen zur Ehlener Straße, hier gehen Sie nach rechts bis zur Hausnummer 48 und folgen genau gegenüber dem Schotterweg nach links.

Überqueren Sie die Bahnstrecke und wandern Sie auf dem Grasweg bis zu einem Wirtschaftsweg. Diesem folgen Sie nach links. Nach etwa 30 m gehen Sie nach rechts bergauf zu einem Waldstück und folgen dem Waldweg nach rechts. An einer Infotafel treffen Sie auf die Extratour H4 (☞ Seite 94), hier geht es nach links bergauf zu einer Gabelung, dort nach links und an der T-Kreuzung nach rechts. An der nächsten Gabelung gehen Sie nach links und am Burggraben der Schauenburg erneut nach links. Sie kommen zu einer Gabelung. Hier geht es nach rechts hinauf zum Burgberg (499,9 m) der ♜ **Schauenburg ❸**.

Oben erwarten Sie der **Märchenrastplatz Landschaftsthrone** („Thronen Sie mit Ausblick auf „Ihre" Ländereien!"), ein ⛼ Picknicktisch, eine prima Aussicht, eine ⊙ Mittelgebirgsstürmer-Stempelstelle und ein leider schon ziemlich verwitterter Panoramatisch.

♜ Wann die Schauenburg genau gebaut wurde, ist nicht bekannt. Vielleicht wurde sie bereits zwischen 600 und 800 als Wohn- und Fliehburg gebaut. Oder sie entstand im frühen 11. Jh., um mit der Weidelsburg und der Kugelsburg eine Verteidigungslinie gegen die Sachsen zu bilden. Ende des 11. Jahrhunderts jedenfalls war sie Sitz des Grafen von Scouvenburg, der seine Ländereien von dieser Anhöhe mit dem Rundumblick perfekt verteidigen konnte. Die Historiker gehen davon aus, dass die Burg nie erobert wurde, sondern zunächst aufgegeben wurde, dann verfiel und schließlich als Steinbruch für Gebäude am Fuß des Burgbergs genutzt wurde.

Zurück an der Gabelung gehen Sie nach rechts (in ursprünglicher Laufrichtung nach links) die Treppe hinab und dahinter an einer Einmündung geradeaus weiter bergab. Nach etwa 100 m steigen Sie links die Stufen hinab zu einer Rastbank, dann gehen Sie geradeaus auf dem Feldweg hinab zur T-Kreuzung. Dort gehen Sie an den Infotafeln des Wanderparkplatzes Schauenburg-Hoof vorbei zum **Gasthaus & Hotel Himmel**. Dahinter laufen Sie über die Bahnlinie hinab zur Korbacher Straße (K19).

Schauenburg-Hoof 34270, 3.000 Einw.

Gemeinde Schauenburg, Korbacher Straße 300, 056 01/932 50,
www.gemeinde-schauenburg.de, info@gemeinde-schauenburg.de, 1 km,
Mo, Mi, Do, Fr 9:00 bis 12:00, Mo, Di, Mi 14:00 bis 16:00, Do 14:00 bis 18:00

Gasthaus & Hotel Himmel, Korbacher Straße 397, 056 01/13 62,
www.gasthaushimmel.de, info@gasthaushimmel.de, am Weg,
ÜF EZ € 40, DZ € 70, € 5, € 10

Hoof ist ein Haltepunkt für die historische Eisenbahn Hessencourrier,
www.hessencourrier.de.

Bus 52, 53, 153, 159, N53 „Schauenburg-Hoof, Bahnhof"

Unterhalb und im Schutz der Schauenburg bauten Handwerker und Bauern im frühen 14. Jh. „daz nuwe hus". Darauf geht der heutige Ort **Hoof** zurück. Im Jahr 1978 wurde der Ort weit über den Habichtswald hinaus bekannt, als bei Erdarbeiten auf einem Gartengrundstück ein etwa 30 Mio. Jahre altes, versteinertes Skelett gefunden wurde. Das Fossil namens Hoofer Seekuh ist im Naturkundemuseum Ottoneum in Kassel ausgestellt.

Queren Sie die Korbacher Straße und gehen Sie hinter der Bushaltestelle links auf dem Elmshagener Weg unter der Straßenbrücke der L3215 hindurch und an der **Biogasanlage** halb links. Wenn der Kasselsteig nach links wegführt, bleiben Sie auf Geradeauskurs. Der Weg macht in einer Waldecke einen Rechtsbogen.

Nach etwa 80 m teilt sich der Weg, hier bleiben Sie auf dem nahezu geradeaus führenden Weg am Waldrand, während Sie nach rechts den schönen Blick zurück zur Schauenburgruine genießen. Sie wandern am Feldrand entlang und nehmen an der Kreuzung den nach rechts führenden Weg. Er bringt Sie bergab zum Ortsrand von Breitenbach.

Schauenburg-Breitenbach

700 m
34270, 1.600 Einw.

Landhotel Gasthaus Kraft, Hauptstraße 38, 056 01/931 80,
www.hotel-gasthaus-kraft.de, info@hotel-gasthaus-kraft.de, 650 m,
ÜF EZ ab € 49, DZ ab € 68, auf Anfrage

Fritze's Goldener Stern, Hauptstraße 21, 05601/932 80,
www.fritzes-goldenerstern.de, info@fritzes-goldenerstern.de, 700 m,
ÜZ EZ ab € 45, DZ ab € 65, Zustellbett ab € 18, € 5, Essen à la carte für Hausgäste, @

Breitenbach ist ein Haltepunkt für die historische Eisenbahn Hessencourrier,
www.hessencourrier.de.

Bus 52, 53, 55, 153, 158, 159, N53 „Schauenburg-Breitenbach, Niedensteiner Straße“

Schauenburg Personenbeförderung, 056 01/13 43

In **Breitenbach** lebten einige Freunde der Brüder Grimm. Der Dragonerwachtmeister Johann Friedrich Krause stellte ihnen seine Sammlung von Märchen, Schnurren und Sagen zur Verfügung. Demoiselle Marie Hassenpflug steuerte zahlreiche bis heute beliebte Märchen wie Rotkäppchen, Brüderchen und Schwesterchen oder Dornröschen bei. Ihnen zu Ehren wurde im alten Breitenbacher Feuerwehrhaus die Schauenburger Märchenwache eingerichtet. In diesem Kulturzentrum finden Lesungen, Konzerte, Ausstellungen und Hochzeiten statt. Wagen Sie einen Blick in den Märchenbrunnen vor der Wache?

Am Ortsrand laufen Sie links am Zaun einer Weide entlang zu einem kleinen **Wanderparkplatz ❹**, an dessen linker Seite es geradeaus in den Wald geht.

Rechter Hand liegt jenseits des Waldes die **Langenberger Hute** mit ihren alten Hutebäumen. Etwa 600 m hinter dem Wanderparkplatz halten Sie sich rechts und gehen nach weiteren 400 m nach rechts bergab zu einer Sackgasse, hier laufen Sie erneut nach rechts.

Nach etwa 300 m gehen Sie links auf einem Grasweg zu einem Sträßchen und dort links. Nehmen Sie den ersten nach rechts führenden Feldweg, er macht an einem Strommast einen Linksbogen zur K25. Kreuzen Sie die Straße und folgen Sie dahinter dem Feldweg halb rechts bis zum **Waldrand**. Hier trennen sich die Wege für den nach rechts führenden H4 (wenn Sie ihm folgen, kommen Sie zum Jugendzeltplatz Steinbrüche) und den nach links führenden Habichtswaldsteig, Sie gehen also nach links.

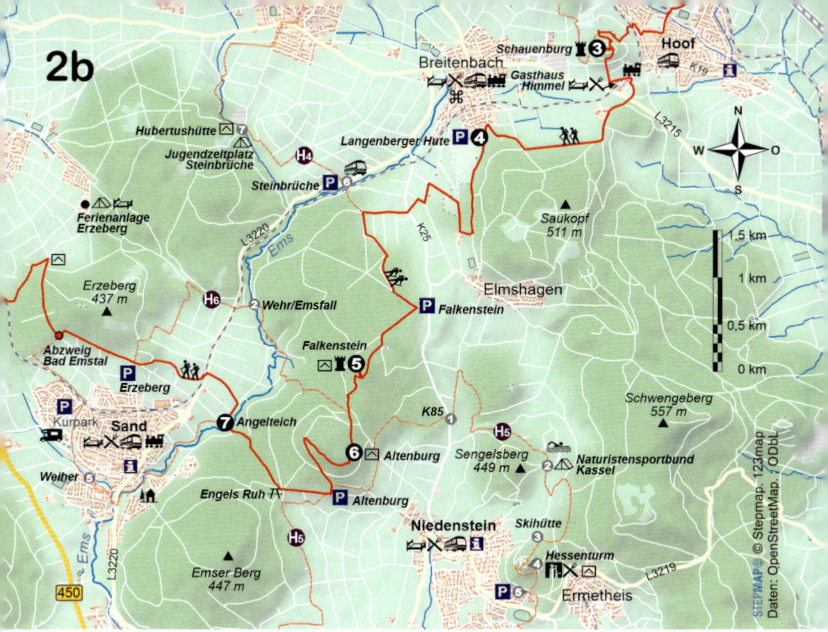

Jugendzeltplatz Steinbrüche, Zweckverband Naturpark Habichtswald, 05 61/10 03 11 18 (Anja Kilkowski), www.naturpark-habichtswald.de → Übernachtung → Zeltplätze, anja-kilkowski@landkreiskassel.de, 1,9 km (über H4), Ü € 4,50 p. P., Komposttoiletten, kein Trinkwasser,

Am Ende der Weide laufen Sie nach links am Feldrand entlang, ohne den Wald zu betreten. Erst an der Bank gehen Sie im Wald nach rechts und zwar nicht auf dem breiten Forstweg, sondern auf dem kleineren Waldweg dahinter. Sie wandern zwischen den Bäumen hindurch und überqueren zwei Rückewege. Sobald Sie auf den breiteren Forstweg stoßen, folgen Sie ihm nach links bis zum **Wanderparkplatz Falkenstein** .

Sie biegen rechts ab und folgen dem Forstweg bis zu einer Gabelung, an der Sie nach links weiterlaufen. An der nächsten Gabelung geht es rechts hinauf zu einer weiteren Weggabelung unterhalb der **Burgruine Falkenstein ❺**.

Der Weg hinauf zur Ruine lohnt sich. Dort erwarten Sie der **Märchenrastplatz Pfeifenwippe** („Erzeugen Sie Klänge aus der Zeit des Minnegesangs!"), eine ⊙ Mittelgebirgsstürmer-Stempelstelle, ein Picknicktisch und eine Schutzhütte.

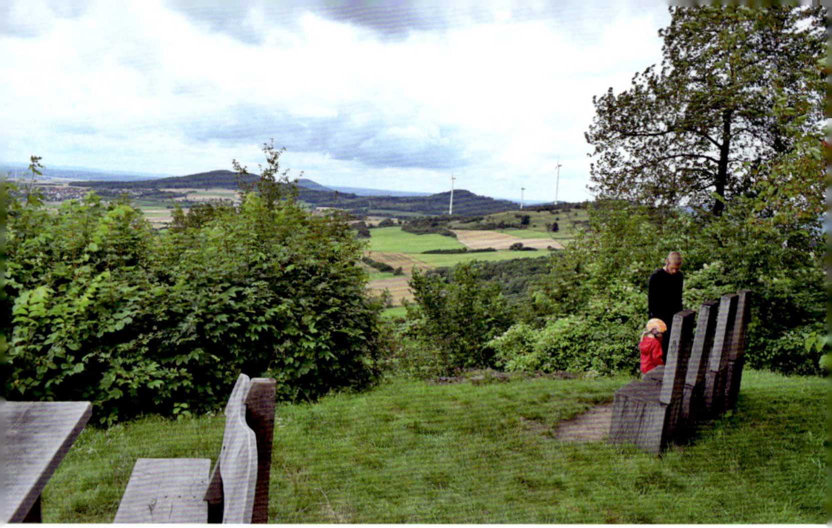

Landschaftsthrone auf dem Burgberg

Die **Burg Falkenstein** wurde vermutlich im ausgehenden 13. Jahrhundert gebaut, denn als sie 1346 erstmals urkundlich erwähnt wurde, war schon von einer Ruine die Rede. Die Herren Hund von Kirchberg und Holzhausen bauten sie wieder auf. Im 16. Jh. verfiel die Burg nach dem Tod der letzten Burgherren. Im Dreißigjährigen Krieg zerstörten die Truppen des Grafen Johann T'Serclaes von Tilly 1631 die Burg vollends. Geblieben sind das Plateau, auf dem die Burg stand, Mauerfragmente des Palas und Reste des Burggrabens.

Die Hunde von Falkenstein

Vor langer Zeit lebte der Sage nach ein Edelmann auf Falkenstein. Er ging gerne zur Jagd und begegnete eines Tages einer jungen Frau mit einem Korb. Er fragte neugierig, was unter dem Tuch in dem Korb sei und sie antwortete: „Junge Hunde, die ersäuft werden sollen!" Er liebte Hunde und erbot sich, die Hunde als Jagdgefährten zu nehmen. Doch die Frau weigerte sich, das Tuch zu heben. Als sie schließlich zitternd seinem Wunsch nachkam, entdeckte er zwei gesunde Neugeborene. Ihm war die Not der Frau bewusst und schalt sie nicht. Er selbst war kinderlos, also ließ er die Zwillinge zu seiner Burg bringen und nahm sie an Kindes statt an. Er schickte zum nächsten Geistlichen und ließ ihn bitten, auf der Burg zwei junge Hunde zu taufen. Der Geistliche lehnte dieses Ansinnen ab, ebenso der Pfarrer aus dem Nachbarort. Erst der dritte vermutete ein anderes Anliegen, kam auf die Burg und taufte die Knaben. Beide erhielten „Hund" als speziellen Taufnamen. Der hilfsbereite Pfarrer zu Metze bekam bis ans Ende seiner Tage einen „Hundezehnten" ausgezahlt.

Nach dem Abstecher zur Ruine wandern Sie bergab zu einem Forstweg und dort links bergauf zu einer Wegkreuzung mit einer Infotafel für Gymnastikübungen. Hier kommt die Extratour H6 von rechts, gemeinsam führen die Markierungen geradeaus auf dem schmalen Waldweg zwischen Bäumen hindurch zu einem Forstweg, den Sie kreuzen.

An der nächsten Gabelung gehen Sie nach links bergauf zu einer Infotafel für die Befestigungsanlagen der Altenburg und vorbei an einer **Schutzhütte ❻** und einer Aussichtsbank. An der T-Kreuzung mit der Rastbank gehen Sie links und bleiben auf dem Forstweg, bis Sie den **P Wanderparkplatz Altenburg** erreichen. Hier beginnt und endet auch die Extratour H5 (☞ Seite 99). Nach links geht es in den Ort Niedenstein.

Niedenstein

BANK ➲ 1,5 km
34305, 5.400 Einw.

- Stadt Niedenstein, Obertor 8, ☏ 056 24/99 93 28, www.niedenstein.de, info@niedenstein.de, ➲ 1,8 km, Mo 8:30 bis 12:30, 14:00 bis 15:30 Mi 7:30 bis 12:30, 14:00 bis 15:30, Do 14:00 bis 18:00, Fr 8:30 bis 12:30
- Landhotel & Gasthaus Altenburg, Hauptstraße 36, ☏ 056 24/921 54 70, www.landhotel-gasthaus-altenburg.de, info@landhotel-altenburg.de, ➲ 1,3 km, 57 Betten, ÜF EZ € 46, DZ € 80, @
- Gästehaus Falkenstein, Altenburger Weg 3, ☏ 056 24/69 56, 01 77/716 21 00, www.gaestehaus-falkenstein.de, ➲ 1 km, 14 Betten, Ü EZ € 30, DZ € 58, DBZ € 62-72, F und auf Anfrage, @
- ♦ FeWo Slepitzka, Gassenhausener Weg 48, ☏ 056 24/508 97 83, www.ferienwohnung-nordhessen.com, fewo-slepitzka@web.de, ➲ 2,8 km, Fewo für 2-4 Pers., Ü € 72 (2 Pers., 3. und 4. Pers. je € 8), Endreinigung € 35, @, € 8 (nur auf Anfrage und bis 65 cm Schulterhöhe)
- Campingplatz und Wochenend-Gasthaus Weißenthalsmühle, Weißenthalsmühle 1, ☏ 056 24/363, www.weissenthalsmuehle.com, info@weissenthalsmuehle.com, ➲ 4,5 km, Zelt € 3,50, Ü € 4, € 2, Müll € 1, € 0,50/5 Min., 0,50/kWh. Außerdem werden 2 Tinyhouses vermietet.
- Naturistensportbund Kassel e.V., Wohnplatz Naturistensportbund, ☏ 056 24/18 03, 01 52/23 38 68 85, www.naturistensportbund-kassel.de, vorsitz@naturistensportbund-kassel.de, ➲ 4,4 km über den H5, mit Schwimmteich und indianischer Schwitzhütte, Stellplatz Einzelperson € 13,50, Familie € 16,50, € 2
- Bus 54, 401 „Niedenstein, Brücke“ oder „Niedenstein, Goethestraße“

Die Wege des H5 und H6 und des Habichtswaldsteigs führen rechts am Waldrand entlang. Nach etwa 50 m biegt der H5 nach links ab, Sie folgen dem Habichtskopf und dem H6 geradeaus und kommen zur **Wegkreuzung Engels Ruh** ⛼. Zwei Eichen sind mit einer Sitzbank verwachsen und laden zu einer kleinen Pause ein.

Engels Ruh

Der Leineweber Friedrich Engel aus Sand hatte eine Tochter namens Elisabeth. Sie wurde von allen in der Gegend nur „Engel" gerufen. Daran änderte sich nichts, als sie heiratete und fortan Rothe hieß. Um ihre Familie zu ernähren, kaufte sie den Bauern aus Sand Obst und Gemüse ab, lud es auf ihren Holzkarren und bot es in Kassel auf dem Wochenmarkt an. Viele Jahre lang legte sie allwöchentlich auf dem Weg zum und vom Markt an dieser Wegkreuzung eine Pause ein.

Hier nehmen Sie den Weg auf der linken Seite des Picknicktisches und wandern bis zu einer Gabelung, an der Sie links gehen und eine Schranke passieren. An dem **Angelteich** ❼ führt der H6 links nach Bad Emstal (➲ 1,3 km) folgen Sie ihm, wenn Sie im Naturfreundehaus, in einer Ferienwohnung oder beim Landhotel Grischäfer übernachten).

Sie folgen den Markierungen des Habichtswaldsteigs nach rechts. Hinter dem Wassergraben gehen Sie nach links auf einem Grasweg zur **Kasseler Straße** (L3220). Überqueren Sie diese vorsichtig und gehen Sie schräg gegenüber unter der Bahnbrücke hindurch.

Dahinter folgen Sie dem Feldweg nach links zu einer T-Kreuzung, an welcher der Habichtskopf etwas verwirrend geradeaus zeigt. Gemeint ist hier der Feldweg halb rechts, er bringt Sie zum Waldrand und dort in einem Linksbogen zu einem Teerweg. Diesem folgen Sie geradeaus bergab zum **Wanderparkplatz Erzeberg** ⛼. Hier ergibt sich eine weitere Möglichkeit zum Abstieg nach Bad Emstal (➲ 1,2 km).

Der Habichtswaldsteig (und nun auch wieder der H6) führen geradeaus am südlichen Waldrand des **Erzebergs** (437 m) weiter und passieren zunächst eine Sitzbank mit Ausblick und wenige Meter dahinter einen ⛼ Picknicktisch. An der nächsten Wegkreuzung gehen Sie links bergab an einem ⛼ Picknicktisch vorbei zu einer Kreuzung mit einer Bank.

Hier endet die heutige Etappe, weil dies der letzte Abzweig nach **Bad Emstal-Sand** (➲ 1,7 km) ist. Für Ihre Übernachtung wandern Sie geradeaus auf dem H6 (☞ Seite 104) zum Kurpark. Zu Beginn der 3. Etappe geht es dann (in bisheriger Laufrichtung) rechts weiter.

Bad Emstal-Sand

34308, 3700 Einw.

TAG Naturpark Habichtswald e.V., c/o Rathaus Bad Emstal, Kasseler Straße 57, 056 24/99 97 14, www.naturpark-habichtswald.de, tourismus@naturpark-habichtswald.de, 1,2 km, Mo bis Fr 8:30 bis 12:00, Mo, Di 13:00 bis 16:00, Do 13:00 bis 18:00

Parkhotel Emstaler Höhe, Kissinger Straße 2, 056 24/50 90, www.emstaler-hoehe.de, info@emstaler-hoehe.de, 1,2 km, 100 Betten, ÜF EZ € 95, DZ € 128, für mehrere Übernachtungen gibt es interessante Arrangements, Wellnesslandschaft Grimms Badehaus mit Saunas, Velusjet-Massage, Wegstreckenberatung,

Landhotel Grischäfer, Kasseler Straße 77-78, 056 24/998 50, www.grischaefer.de, kontakt@grischaefer.de, 1 km, 17 Zimmer, ÜF EZ € 67-88, DZ € 90-111, € 6

Haus Rampe, Liebenzeller Straße 5, 056 24/92 50 90, h.rampe@t-online.de, 1,3 km, ÜF DZ ab € 75, FeWo für 3 Pers. ab € 110, Sauna

♦ FeWo Traumschmiede, Gartenstraße 16, 01 73/173 01 34, eric.schmied@gmail.com, 1 km, FeWo für 2 Pers. ab € 60

♦ FeWo Dippel, Karlsbader Straße 3, 056 24/17 02, www.fewo-dippel.de, info@fewo-dippel.de, 1,4 km, FeWo für 4 Pers. ab € 120 (mind. 2 Nächte)

♦ FeWo Casa Graf, 056 24/92 53 17, casa-graf.de, info@casa-graf.de, 1,3 km, FeWo für 2 Pers. ab € 75

Naturfreundehaus Bad Emstal, 056 24/69 15, http://naturfreunde-bad-emstal.de, info@naturfreunde-bad-emstal.de, 1,3 km (über H6), 41 Betten, Gruppenunterkunft, in der spontan auch Einzelwanderer aufgenommen werden, Ü € 16, Bettwäsche € 5, @

Wohnmobilstellplatz am Kurpark, Karlsbader Straße 4, 056 24/99 97 14, 1,3 km (am H6), 8 Stellplätze, Ü € 5 für 2 Pers, Kurtaxe € 1, € 1/8Std., € 1/100 l, ganzjährig,

Sand hat zwei Haltepunkte der historischen Eisenbahn Hessencourrier, www.hessencourrier.de.

Bus 55, 151, 153, 155, 157, 159, N53 „Bad Emstal-Sand, Rathaus" oder „Bad Emstal-Sand, Thermalbad"

Fahrservice Lüttger, 056 24/926 14 14

Sand ist der größte Ortsteil der Gemeinde Bad Emstal. Die Sander Thermalquelle wurde 1976 gebohrt und ermöglichte den Ausbau zum Thermalbad. Seit 1992 darf sich der Ort „Bad" nennen, auch wenn das Thermalbad inzwischen gar nicht mehr in Betrieb ist.

3. Etappe: Bad Emstal – Naumburg

➲ 21,9 km, ⌛ 6 Std. 30 Min., ↑ 362 m, ↓ 430 m, ⇧ 280-496 m

0,0 km	⇧ 360 m	3. Abzweig nach Bad Emstal ()
3,7 km	⇧ 304 m	Hutebaum
6,4 km	⇧ 287 m	Hengstwiese
8,6 km	⇧ 345 m	Altenstädter Warte
9,8 km	⇧ 296 m	Infotafel Bielstein (Kurzweg nach Naumburg auf H8)
12,2 km	⇧ 375 m	Märchenrastplatz Junger Riese
13,2 km	⇧ 480 m	Weidelsburg
13,8 km	⇧ 416 m	Steinbruch Katzenloch
17,2 km	⇧ 344 m	Café Hasenacker
19,6 km	⇧ 350 m	Gedenkstein für Forstamtmann Josef Grasse
20,9 km	⇧ 330 m	Wanderparkplatz Burghain
21,9 km	⇧ 303 m	Naumburg, Zentrum BANK

Auf schönen Waldrandwegen und schmalen Pfaden wandern Sie heute zum Naturschutzgebiet Hengstwiese. Danach führt der Weg zur Altenstädter Warte und hinab in die Elbeauen. Höhepunkt der Wanderung ist ohne Frage der Aufstieg zur Weidelsburg. Durch sanfte Hügellandschaft erreichen Sie den Naumburger Burgberg mit seinem Ausblick auf die malerische Naumburger Altstadt.

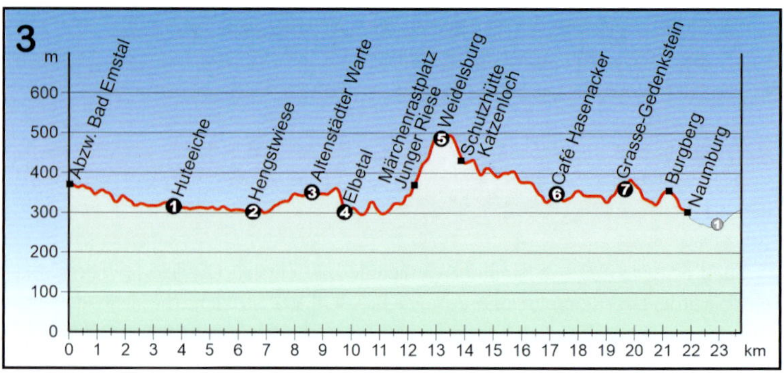

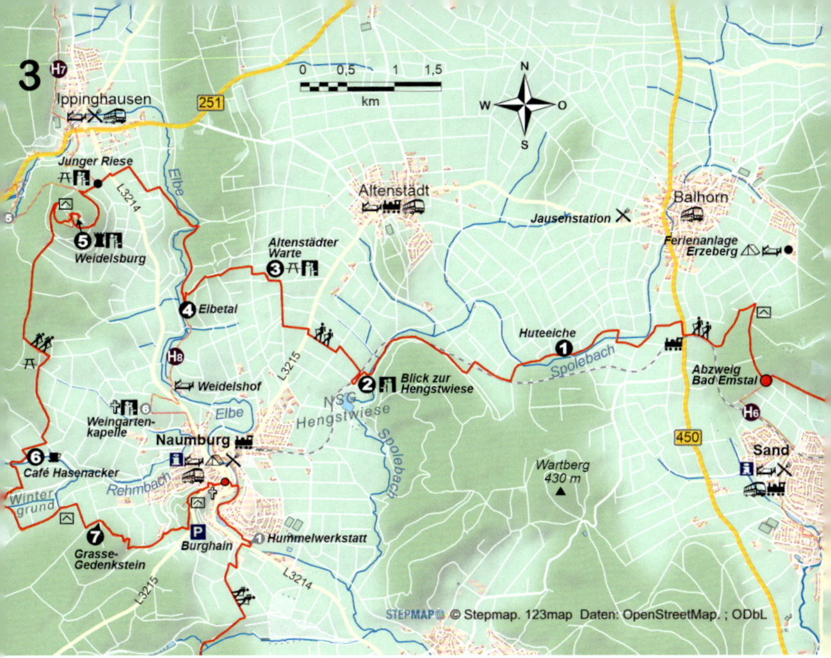

Diese Etappe setzt am Waldrand unterhalb der Basaltkuppe Erzeberg nördlich von **Bad Emstal-Sand** an. Vom Kurpark aus folgen Sie den Markierungen des H6 zurück zum Endpunkt der 2. Etappe. Hier führt der H6 geradeaus weiter, Sie folgen den Markierungen des Habichtswaldsteigs nach links Richtung Naumburg.

Sie wandern nun auf dem Forstweg geradeaus durch den Mischwald mit Birken, Buchen und Eichen. Zunächst geht es leicht bergauf, dann ebenso sanft bergab. An einer Einmündung gehen Sie geradeaus und erreichen hinter einen Wasserspeicher eine **Schutzhütte**. Nun endet der Wald Sie sehen Balhorn vor sich. (Halb rechts hinter dem Feld liegt die Ferienanlage Erzeberg.)

Bad Emstal-Balhorn

1 km
34308, 1.700 Einw.

Ferienanlage Erzeberg, Birkenstraße 21, 056 25/52 74, www.erzeberg.de, info@erzeberg.de, 650 m, Stellplatz € 10, Ü p. P. € 5, Ferienhäuser können in Belegungslücken auch gemietet werden. Der Inhaber ist ehrenamtlicher Wegewart und berät selbstverständlich zum weiteren Weg und zu Rundwegen. Hallenbad und Wellnessbereich, @

Jausenstation Balhorn, Naumburger Straße 36, 2,1 km, Mi , Sa 14:00 bis 22:00, So 11:00 bis 22:00

Waldschwimmbad Balhorn, Am Distelberg 1, 01 52/54 37 08 80, 1,7 km, Jun bis Aug

Balhorn ist ein Haltepunkt für die historische Eisenbahn Hessencourrier, www.hessencourrier.de.

Bus 53, 55, 151, 153, 155, 157, 159, N53 „Bad Emstal-Balhorn, Distelberg" oder „Bad Emstal-Balhorn, Königstraße"

Sie folgen dem scharf links abbiegenden Weg am Waldrand entlang zum **Steinbruch Balhorn**, in dem weißer und roter Sandstein abgebaut wurde. Damit wurden die Fundamente und Keller der Fachwerkhäuser gebaut.

Sie gehen nach links, zunächst bergab und später bergauf zurück zur Bahnlinie. Neben ihr erreichen Sie die B450, die Sie überqueren. Laufen Sie rechts auf dem Pfad neben der Straße auf die Windräder von Balhorn zu. Auf Höhe der ersten Birke der Allee laufen Sie links den Wirtschaftsweg hinab und biegen an der T-Kreuzung erneut nach links ab. An einem einzelnen **Kirschbaum** mit einer Rastbank folgen Sie dem Schotterweg nach rechts. Sie können von hier schon die Weidelsburg sehen.

An einem Schuppen aus Backstein gehen Sie nach rechts über den **Spolebach** und folgen nach 70 m dem Grasweg nach links. (Geradeaus geht es zur Jausenstation Balhorn.)

Gut mit Habichtsköpfen auf Holzpfosten markiert führt der Weg parallel zum Spolebach am Wolfsholz (auf der anderen Bachseite) und an einer mächtigen **Huteeiche ❶** entlang. Überqueren Sie den Spolebach und laufen Sie an der Fichtenschonung entlang zur Bahnlinie. Dort biegen Sie rechts ab, gehen gut 400 m parallel zu den Gleisen, dann links über die Gleise und am Waldrand nach rechts. Am nächsten Bahnübergang folgen Sie den Wegweisern halb links in den Wald. Nach 250 m nehmen Sie an der Gabelung rechts den Pfad neben der Bahnlinie. Vorsicht! Die hübschen Wurzeln können Sie schnell zu Fall bringen.

Der Weg entfernt sich auf Höhe des Haltepunkts „Naumburg-Altenstädt" von den Gleisen. Nach etwa 400 m laufen Sie nach rechts bergab und hinter dem Spolebach hinauf zum Bahndamm. Dort gehen Sie an dem Hochsitz mit den zwei Bäumen nach links auf dem Grasweg zu einer **Aussichtsbank ❷**. Hier haben Sie einen schönen Blick auf den Teich im **Naturschutzgebiet Hengstwiese**. Überqueren Sie rechts auf der Brücke die Bahnlinie, dahinter geht es sofort nach rechts weiter. Auf Höhe des Hochsitzes mit den zwei Bäumen biegen Sie nach links ab.

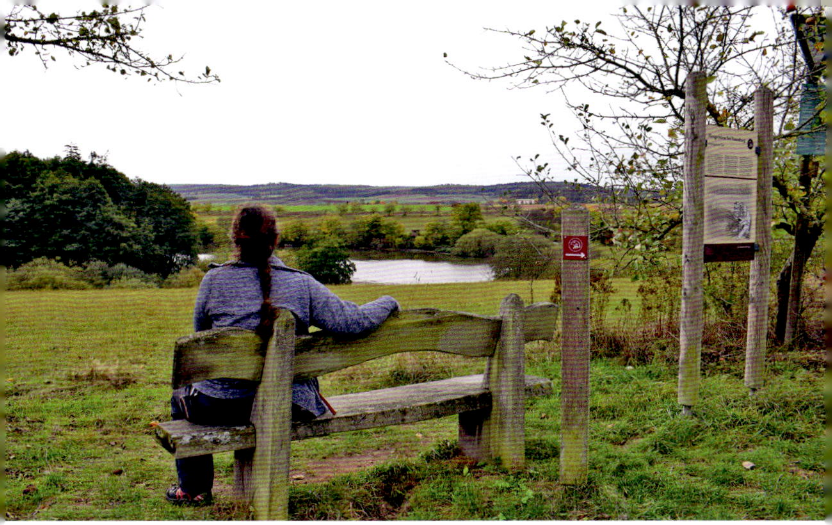

Im Naturschutzgebiet Hengstwiese

Viele kleine Löcher im Boden sprechen für eine hohe Feldmauspopulation. Der Grasweg trifft auf einen Teerweg (im Sommer steht hier eine Sitzbank), dem Sie für etwa 70 m nach links folgen, bevor es nach rechts auf einem weiteren Grasweg zur L3215 geht, die rechts nach Naumburg-Altenstädt führt.

Naumburg-Altenstädt

➲ 2 km
34311, 1.200 Einw.

FeWo Alt, Tannenstraße 16, ☎ 056 25/923 94 55, www.ferienwohnungenalt.de, ferienwohnungenalt@gmail.com, ➲ 2 km, 2 FeWo ab € 60, @

♦ Ferienhaus Marlen, Jagdstraße 2, 01 71/825 10 18, Ferienhaus-marlen@t-online.de, ➲ 2 km, Preise auf Anfrage.

Altenstädt ist ein Haltepunkt für die historische Eisenbahn Hessencourrier, www.hessencourrier.de.

Bus 53, 55, 151, 153, 156, N53 „Naumburg-Altenstädt, Mitte“

Der L3215 folgen Sie für etwa 50 m nach rechts, dann überqueren Sie sie und gehen links den Grasweg hinauf. An seinem Ende folgen Sie dem Wirtschaftsweg nach rechts. Nach 550 m biegen Sie links ab und erreichen den **Märchenrastplatz Himmelsschaukel** („Schaukeln Sie frei und leicht in die Landschaft!“) an der **Altenstädter Warte** ❸. Der ehemalige Wachturm ist 4,8 m hoch und dient heute als Aussichtsturm.

Gehen Sie links an der Schaukel entlang und folgen Sie dem Grasweg in einem Linksbogen hinab zu einem Schotterweg. Hier geht es zunächst nach rechts und nach 100 m nach links auf einem Grasweg zwischen den Äckern zum Waldrand. Dort wandern Sie geradeaus bergab wieder aus dem Wald hinaus. Auch an der Wegkreuzung mit der Aussichtsbank laufen Sie weiter geradeaus. Am Ende des Feldes gehen Sie geradeaus in den Wald hinein.

Es geht hinab ins **Elbetal** ❹. Gemeint ist damit natürlich nicht die „große" Elbe, ihre Quelle sprudelt in Tschechien. Hier plätschert die „kleine" Elbe munter durchs Tal. Sie hat ihre Quelle im Alten Wald südlichwestlich der Weidelsburg und mündet nach knapp 34 km bei Geismar in die Eder.

Dort treffen Sie an der Infotafel Bielstein auf die **Extratour H8** (☞ Seite 115), die links nach Naumburg führt. (Auf ihr erreichen Sie Ihr Tagesziel in Naumburg nach etwa 3,5 km, verpassen aber die absolut sehenswerte Weidelsburg. Auf dem Habichtswaldsteig sind es noch gut 12 km nach Naumburg.)

Der Habichtswaldsteig führt hier scharf nach rechts Richtung Weidelsburg. Sie wandern durch die Elbeauen, in denen der Bach munter durch die saftigen Wiesen mäandern darf. Nach gut 1 km geht es links über eine Holzbrücke auf die andere Seite der **Elbe** und dort nach rechts. Sie laufen zunächst am Waldrand, dann zwischen Weiden zu einer sternförmigen Kreuzung mit fünf Wirtschaftswegen.

Hier wandern Sie nach links bergauf zu einem Schotterweg, dem Sie nach rechts folgen. Einige Meter, bevor er geteert ins Dorf führt, verlassen Sie diesen Weg nach links und wandern hinauf zur L3214. Diese überqueren Sie und setzen (etwa um 15 m nach rechts versetzt) links Ihren Weg bergauf fort. Nun können Sie an dem **Märchenrastplatz Junger Riese** („Erleben Sie sich jung und alt, klein und groß!") Ihre Seele und Ihre Beine baumeln lassen, denn eine der Rastbänke ist besonders hoch gebaut. Hier haben Sie eine großartige Aussicht auf Ippinghausen und die umliegenden Hügel. An diesem Punkt treffen H8 und Habichtswaldsteig auf den H7 (☞ Seite 109), alle drei Markierungen weisen Ihnen den Weg geradeaus und bergauf Richtung Weidelsburg.

↳ Rechts geht es auf dem H7 nach Wolfhagen-Ippinghausen.

Wolfhagen-Ippinghausen

➲ 500m

34466, 1.000 Einw.

Gasthaus-Hotel Pfeifferling, Waldecker Straße 7, ☏ 056 92/59 80, www.gasthaus-pfeifferling.de, info@gasthaus-pfeifferling.de, ➲ 800 m, ÜF EZ 45-48,50, DZ € 75-79, DBZ € 105, VBZ € 115, auf Anfrage € 5, @

Hotel Waldgut Schloss Höhnscheid, Höhnscheid 1, 34454 Bad Arolsen, 056 92/98 90, www.hotel-schloss-hoehnscheid.de, office@hotel-schloss-hoehnscheid.de, 2,9 km, 30 Zimmer, @

♦ FeWo Märchenblick, www.ferienwohnung-maerchenblick.de, info@ferienwohnung-maerchenblick.de, 1,8 km, 2 FeWo ab € 49, Endreinigung € 25 (mind. 2 Nächte)

Bus 110 „Wolfhagen-Ippinghausen, Mitte“

☺ Mit dem Bus kommen Sie auch nach Wolfhagen und nach Leckringhausen, wo Sie auch weitere Unterkünfte finden.

Wolfhagen-Leckringhausen

2,7 km

Landhotel Mulot & Gaststätte Kuhaupt, Hugenottenstraße 13, 056 92/99 01 57, www.landhotel-mulot.de, hotel@landhotel-mulot.de, 2,7 km (über H7), 17 Betten ÜF EZ ab € 45, DZ ab € 72 @

Bus 110 „Leckringhausen“

Wolfhagen

BANK 6 km

34466, 7.800 Einw.

Hotel-Restaurant Zum Schiffchen, Hans-Staden-Straße 27, 056 92/987 50, www.hotel-zum-schiffchen.de, besucher@hotel-zum-schiffchen.de, 6,2 km, Ü EZ ab € 47,50, DZ ab € 65,90, F € 8,50, @

FeWo Wolfhagen, Buttlarstraße 12, 056 92/66 92, 01 76/43 51 75 89, www.komfort-ferienwohnung-wolfhagen.de, info@komfort-ferienwohnung-wolfhagen.de 6,2 km, 4 FeWo Ü € 69 bis 3 Pers., jede weitere Pers. € 15, Handtuchset € 3, , ab 2 Übernachtungen

RB4, RT4

Bus 110, 111, 112, 120, 582.6 „Wolfhagen, Stadthalle“

Taxi Lassner, 056 92/996 64 00

Am Waldrand laufen Sie nach rechts und treffen auf einen Forstweg, hier biegen Sie scharf links ab (H7 führt nach rechts). Nun geht es bergauf zu einer Gabelung, an der Sie dem rechten Weg an der **Forstschranke** vorbei hinauf zur Burganlage folgen. An der Ruine des vorgelagerten Verteidigungsturms führt der Habichtswaldsteig scharf links bergab. Aber sicher wollen Sie vorher noch die **Weidelsburg** ❺ (hier finden Sie auch eine ⊙ Mittelgebirgsstürmer-Stempelstelle) ansehen und dem bisherigen Weg weiter folgen.

Auf dem steilen Basaltkegel des bewaldeten Weidelsbergs erhebt sich die wohl größte Burgruine Nordhessens. Eine Vorgängerburg stand hier bereits im frühen 12. Jh. Mehrere Male wurde die Burg bei Angriffen beschädigt und wieder aufgebaut, denn sie war von großer strategischer Bedeutung beim Schutz der Verkehrswege und der Grenze der Ludowinger gegenüber Waldeck und Mainz. Im ausgehenden 16. Jh. hatte sie an Bedeutung verloren, wurde verlassen und verfiel. Dennoch ist allein die schiere Größe der Ruine bis heute sehr imposant.

An einem klaren Tag sollten Sie bis auf das Dach der Weidelsburg steigen. Von hier haben Sie einen großartigen Rundumblick zum Kellerwald, ins Eggegebirge und bis zum Rothaargebirge.

☺ Wenn die Fahne auf der Weidelsburg weht, bietet der Hüttenwirt auf der Weidelsburg Getränke und kleine Speisen an.

Die kluge Burgdame

Der Erzbischof von Mainz hatte 1431 den Ritter Reinhard von Dalwigk als Burgherrn eingesetzt. Dieser streitsüchtige Kerl versetzte die Bevölkerung wiederholt mit Raubzügen in Angst und Schrecken. Die hessischen und erzbischöflichen Truppen reagierten mit Belagerungen. Seine Gemahlin Agnes liebte ihn trotz all seiner Fehler und war noch dazu sehr schlau. Sie verhandelte mit den Belagerern, dass alle Frauen und Kinder die Burg verlassen durften. Dabei war ihnen erlaubt, alles mitzunehmen, was sie auf ihren Schultern tragen konnten. Die anderen Frauen schleppten kostbare Kleider und Wertgegenstände durch das Burgtor. Agnes nahm ihren Reinhard huckepack und trug ihn am Landgrafen von Hessen vorbei. Diesem war sein Versprechen heilig und er ließ die listige Frau zähneknirschend, aber voller Hochachtung ziehen.

Auf dem zutreffend als Zick-Zack-Weg getauften Waldpfad wandern Sie bergab zu dem **Basaltsteinbruch Katzenloch**. Er entstand mit dem Bau der Weidelsburg und wurde erst in den 1960er-Jahren aus Naturschutzerwägungen stillgelegt. Der hier gewonnene Säulenbasalt war von hoher Qualität und deshalb bei Straßenbauern sehr beliebt.

Folgen Sie dem Weg am Steinbruch entlang. Etwa 10 m hinter einem von rechts kommenden steilen Pfad geht es scharf links bergab. Sie kreuzen einen Forstweg, gehen an einer Wegkreuzung halb rechts bergab aus dem Wald hinaus und wandern an einer **Rodungsfläche** entlang zu einem Forstweg. Folgen Sie diesem halb rechts.

☝ Die Orientierung fällt schwer zwischen den riesigen Stapeln mit Lagerholz und den zahlreichen Rückegassen. Hier entstanden in den Hitzejahren 2018-2020 schwere Schäden durch Borkenkäferbefall.

Nach etwa 500 m verlassen Sie den Forstweg nach halb links und laufen bergab zu einer T-Kreuzung, wo Sie einen ersten Blick hinüber nach Naumburg werfen können. Hier biegen Sie rechts ab und kommen zu einem Picknicktisch. Bleiben Sie halb links auf dem Grasweg am Waldrand, bis er auf einen geschotterten Feldweg trifft. Folgen Sie diesem nach links und gehen Sie nach etwa 100 m rechts auf dem Grasweg weiter bis zu einer T-Kreuzung. Dort wandern Sie nach links zum **Café Hasenacker** (☏ 056 25/52 10, Di bis Fr 11:00 bis 19:00, Sa, So 10:00 bis 22:00) ⊙ ❻.

Laufen Sie rechts die Zufahrt hinab und verlassen Sie diese in der Linkskurve. Sie folgen dem Schotterweg nach rechts und entdecken hinter einer Koppel links einen Pfad. Er führt über den **Rehmbach** und dahinter bergauf. Hinter einem Feld, noch vor der Straße, geht es rechts auf dem Forstweg weiter.

Der Habichtswaldsteig führt auf einem leicht zu übersehenden Pfad nach links in den Wald und im Slalom um die Bäume. Sie verlassen den Wald an einer **Bank** mit Blick auf eine Streuobstwiese mit Sortentafeln und folgen der Straße geradeaus Richtung „Haus St. Martin/Haus Wintersgrund".

An einem einzelnen Haus wandern Sie nach links, zunächst bergab in ein Bachtal, dann hinauf über eine Wiese und neben einer Baumreihe zum nächsten Tal. Dort geht es links auf einem Wirtschaftsweg bis zu einer **Schutzhütte** mit Picknicktisch.

Hier wandern Sie halb rechts bergauf bis zu einer T-Kreuzung, dort rechts zu einem Schotterweg und folgen diesem nach links zum **Gedenkstein für den Forstamtmann Josef Grasse** ❼. Sie folgen dem Waldweg weiter geradeaus und biegen nach etwa 300 m rechts auf einen Pfad ab, der zwischen hohen Buchen und Kiefern hindurchführt. Am Waldrand erwartet Sie eine Sitzbank mit Ausblick, dort geht es nach rechts weiter.

An der T-Kreuzung biegen Sie nach links ab, kurz darauf nach rechts und später erneut nach links, immer am Feldrand entlang bis zu einer geschotterten Haarnadelkurve.

Hier laufen Sie bergab nach rechts zu einem Sträßchen, diesem folgen Sie geradeaus. Auf Höhe eines Hauses kommen Sie rechts aus dem Tal hinaus zu einem Picknicktisch. Hier biegen Sie nach links ab und passieren den **Wanderparkplatz Burghain.**

Der Schotterweg führt an einer Schranke vorbei zum Festplatz mit einem Grillplatz mit drei Tischen und dahinter um den **Burgberg** herum zu einem Aussichtspunkt mit Rastbänken.

Die Burg Nuwenburc entstand wahrscheinlich im frühen 12. Jh. auf Betreiben der Edelherren von Naumburg, die auch die Weidelsburg erbauten. Nach einem Feuer wurde sie 1170 wieder aufgebaut. Die Stadt und die Burg wurden 1626 von Herzog Christian von Braunschweig erobert, die Burg wurde geschleift und nie mehr aufgebaut.

Nun steigen Sie die Treppe zwischen den Hecken hinab zur Burgstraße. Folgen Sie dieser nach links. Die Markierungen führen Sie links um die **Kirche St. Crescentius** herum zurück zur Burgstraße, der Sie nun bergab zur Unteren Straße (L3214) folgen.

Naumburg

BANK

34311, 1.800 Einw.

Touristeninformation im Haus des Gastes, c/o Magistrat der Stadt Naumburg, Marktplatz 2, 056 25/79 09 73, www.naumburg.eu, info@naumburg.eu, 400 m, Mo, Di 14:00 bis 17:00, Mi, Do, Fr 9:00 bis 12:00,

Kurtaxe € 0,50

Landhotel Weinrich, Bahnhofstraße 7, 056 25/223, www.hotel-weinrich.de, info@hotel-weinrich.de, 400 m, 23 Betten, ÜF EZ € 50, DZ € 85, € 10, Thai-Massage, Kosmetikstübchen, @, € 5

Gästehaus Am Burghain, Kronbergweg 25, 01 74/818 53 31, hausamburghain@yahoo.com, 600 m, Ü EZ € 25, DZ € 45

♦ FeWo Rensjo, In der Röde 23, 056 25/299 98 35, 01 77/430 16 82, www.rensjo.de, info@rensjo.de, 600 m, 4 FeWo, Wander-Spezialpreise ab € 50, @, auf Anfrage

♦ FeWo Jacobi (Zum Kurfürsten), Dielenhennstraße 7, 056 25/92 12 56 + 921 43 61, www.fewo-jacobi.de, info@fewo-jacobi.de, 50 m, 3 FeWo, Ü ab € 35, Endreinigung € 15, ÜF auf Anfrage, auf Anfrage

♦ Märchenbauernhof Weidelshof, Weidelshof 1, 056 25/17 54, www.weidelshof.de, info@weidelshof.de, 1,5 km (über H8), Ferienhäuser und -wohnungen, Preise auf Anfrage

Camping in Naumburg, Am Schwimmbad 12, 056 25/923 96 70, www.camping-in-naumburg.de, camping@naumburg.eu, 850 m,

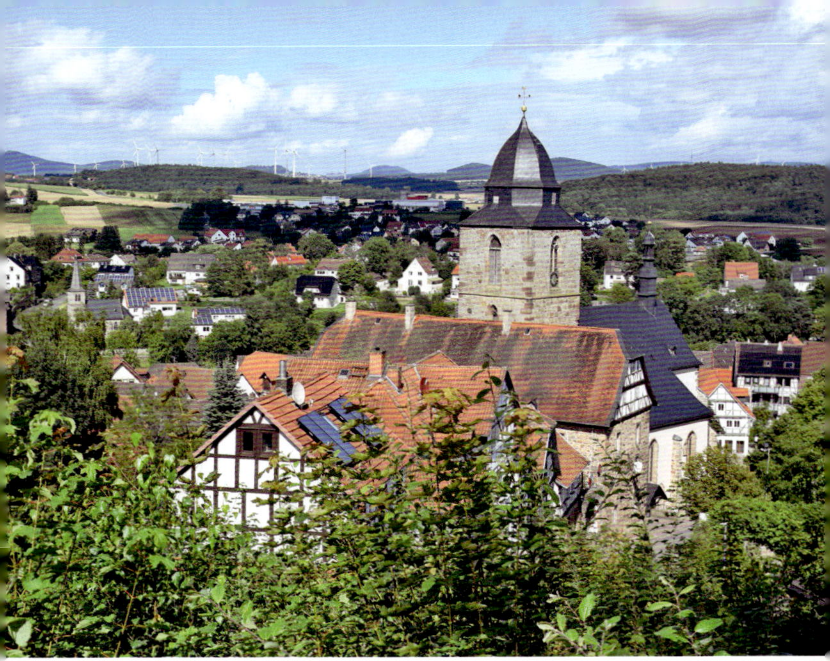

Altstadtblick vom Naumburger Burgberg

Zelt € 3,50-4, Ü € 7, 🐕 € 2,50, 🔌 € 4,50. Außerdem gibt es Mietunterkünfte: Zelt € 52, Nostalgie-Wohnwagen € 54, Ferienhäuschen und Schäferwagen € 63-65, Mobilheim € 90, Luxus-Loggias € 80-140

Freibad AquArena, Am Schwimmbad 3, ☏ 056 25/79 09 80, ➲ 700 m

Naumburg ist die Endhaltestelle der historischen Eisenbahn Hessencourrier, 💻 www.hessencourrier.de.

Bus 55, 151, 153, 154, 156, 585, N53 „Naumburg, Bahnhof“ oder „Naumburg, Fritzlarer Straße“

Taxi-Team Goschütz, ☏ 056 25/92 12 38; AST 018 02/45 24 54

Der Edelfreie Wittekind von **Naumburg** verkaufte seine beiden Burgen Naumburg und Weidelsburg im Jahr 1266 an den Erzbischof Werner von Mainz. Als nach der Reformation die Landgrafschaft Hessen 1526 protestantisch wurde, blieb Naumburg eine katholische Enklave. Von den meisten Kriegen und Katastrophen blieb Naumburg verschont, deshalb ist die historische Altstadt mit all ihren malerischen Fachwerkgebäuden bis heute sehr gut erhalten.

4. Etappe: Naumburg – Edersee

➲ *21,8 km,* ⌛ *7 Std.,* ↑ *534 m,* ↓ *574 m,* ⇧ *232-423 m*

0,0 km	⇧ 303 m	Naumburg, Zentrum
1,1 km	⇧ 268 m	Hummelwerkstatt
5,6 km	⇧ 436 m	Zweiherrenstein
9,7 km	⇧ 386 m	Sengelsberg
15,6 km	⇧ 399 m	Waldeck
17,2 km	⇧ 309 m	Hexenkopf
19,3 km	⇧ 413 m	Kanzel
20,4 km	⇧ 322 m	Rastplatz Auf den Klippen
21,3 km	⇧ 244 m	Sperrmauer
21,8 km	⇧ 246 m	Edersee, Parkplatz Edertalsperre

Der Habichtswaldsteig endet ebenso eindrucksvoll, wie er begonnen hat. Von Naumburg wandern Sie durch die Obstwiesen des Elbetals und die Waldwiesen des Ballenbachtals nach Waldeck am Edersee mit seinem gut erhaltenen Schloss. Auf dem aussichtsreichen Kirchpfad und schmalen Hangpfaden geht es für einen letzten Panoramablick zur Kanzel, dann über die Ederseeklippen hinab zum Ziel an der Sperrmauer.

Neben dem Edeka-Markt führt ein Fußweg hinab zur Straße Im Hain. Diese überqueren Sie und folgen dem Mühlenweg über die Elbe. Hier kommt die Extratour H8 von links, der Habichtswaldsteig führt nach rechts auf dem Uferweg an zwei weiteren Brücken vorbei zum **Landschaftspark Elbetal**.

Sie wandern links am See entlang und gehen an dessen Ende an der Gabelung nach links. Nach knapp 200 m laufen Sie nach rechts über die **Streuobstwiese** und entdecken zwei Infotafeln, die vielleicht bei Ihrer Ankunft nur Fragezeichen zeigen, das sind die Rückseiten der drehbaren Tafeln.

Dahinter erreichen Sie die **Hummelwerkstatt** ❶, in der Sie sich über die Bedeutung von Hummeln und anderen bestäubenden Insekten für die Lebensmittelproduktion informieren können. Dahinter wurde ein Blühgarten angelegt, in dem Sie die vielfältigsten Insekten bei der Nektarsuche beobachten können (Mai bis Aug Mi und So 15:00 bis 17:00).

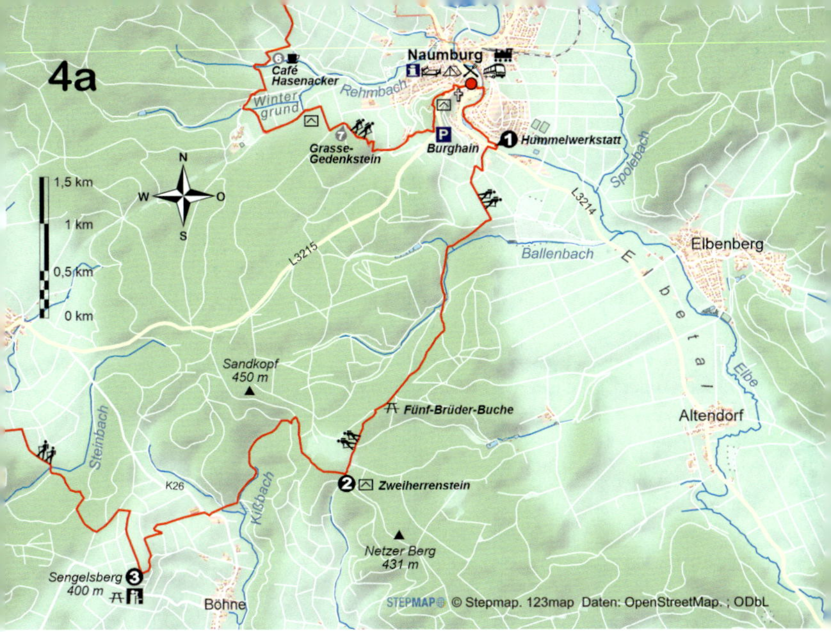

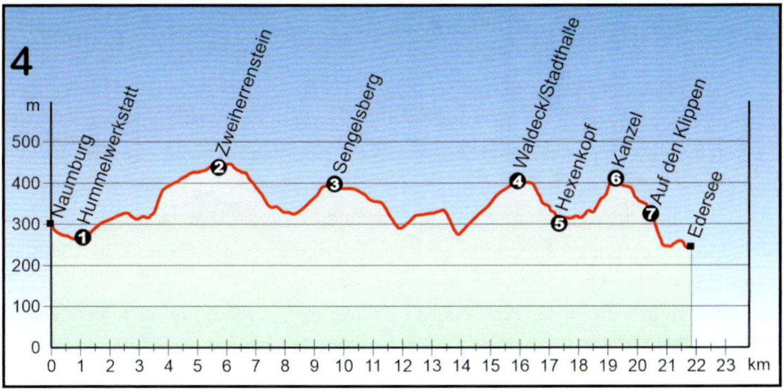

Hinter dem Hummelgarten gehen Sie rechts über die Brücke und auf der Fritzlarer Straße (L3214) knapp 100 m nach rechts. Vor dem **Ortseingangsschild** steigen Sie links am Waldrand den Pfad hinauf zu einer Feldwegkreuzung. Hier wandern Sie rechts bis zu einer T-Kreuzung, dann links und nach 10 m folgen Sie dem Feldweg nach links.

An der Gabelung mit dem Steinkreuz biegen Sie ein weiteres Mal nach links ab. An der T-Kreuzung mit dem schönen Ausblick ins Elbetal laufen Sie rechts am Zaun entlang zum Wald, dort an der Gabelung links bergab zum **Ballenbach**. Nachdem Sie ihn überquert haben, wandern Sie mit Blick in die Bachauen das Ballenbachtal hinauf zu einem Forstweg. Dem folgen Sie geradeaus weiter das Waldwiesental hinauf.

An der Gabelung neben den **Fischteichen** nehmen Sie den linken Weg und wechseln die Talseite. Sie kommen zu einem Rangierplatz für Forstfahrzeuge, hier geht es geradeaus bergauf. Verlassen Sie an der nächsten Gabelung den Forstweg und folgen dem Waldweg nach rechts durch den Buchenwald.

Der Wegverlauf ist zum Teil kaum auszumachen, hier helfen die Wegzeichen, die an allen Stellen angebracht sind, an denen Zweifel aufkommen könnten. Der Weg endet an einem Forstweg, diesem folgen Sie halb links und leicht bergauf zur **Fünf-Brüder-Buche** mit zwei ⩩ Picknicktischen.

Der Weg führt weiter geradeaus und nach gut 100 m links zu einer Gabelung, hier folgen Sie zwischen den Bäumen dem Weg nach rechts. Lassen Sie sich nicht von den zahlreichen Rückegassen vom Weg abbringen, der Habichtskopf weist auch hier zuverlässig den Weg. Durch den Neuwald, der nach den Rodungen wieder langsam emporwächst, wandern Sie zum Zweiherrenstein ⛰ ❷.

Mit dem älteren Grenzstein wurde im Jahr 1567 die Grenze zwischen Naumburg (Jahreszahl 1567 über Rad) und den Herren von Elben (Hirschstange, deren Enden zu Lilien geformt sind) markiert. Zwar blieb die Grenze in den kommenden Jahrhunderten bestehen, 1739 wurde aber ein neuer Grenzstein nötig, weil Naumburg an die Grafen von Waldeck (Jahreszahl 1739 unter Stern) verpfändet war und nun an das Gebiet des Kurfürstentums Hessen (aufgerichteter Löwe) grenzte.

Nun folgen Sie dem ziemlich zugewachsenen Weg nach rechts an der ehemaligen Grenze entlang. Sie laufen an **drei Grenzsteinen** geradeaus zur Infotafel „Grenzen", dort geht es geradeaus bergab weiter.

Hinter dem würfelförmigen neueren Grenzstein wandern Sie nach links steiler bergab zu einem Forstweg, dem Sie nach rechts folgen. Sie erreichen eine Kreuzung, an der Sie links bergab durch das Tal des **Kißbachs** laufen. Nehmen Sie an dem Fachwerkhaus (Im Wiesengrund) den rechten Weg und folgen Sie ihm bis zur K26.

Auf dieser gehen Sie nach rechts bis zu dem Feldweg, der vor dem großen Bauernhof nach links von der Straße wegführt. Sie laufen bergauf und um eine Weide herum, dahinter geht es scharf rechts auf einem Grasweg weiter. Auf der Anhöhe folgen Sie dem Wirtschaftsweg nach links.

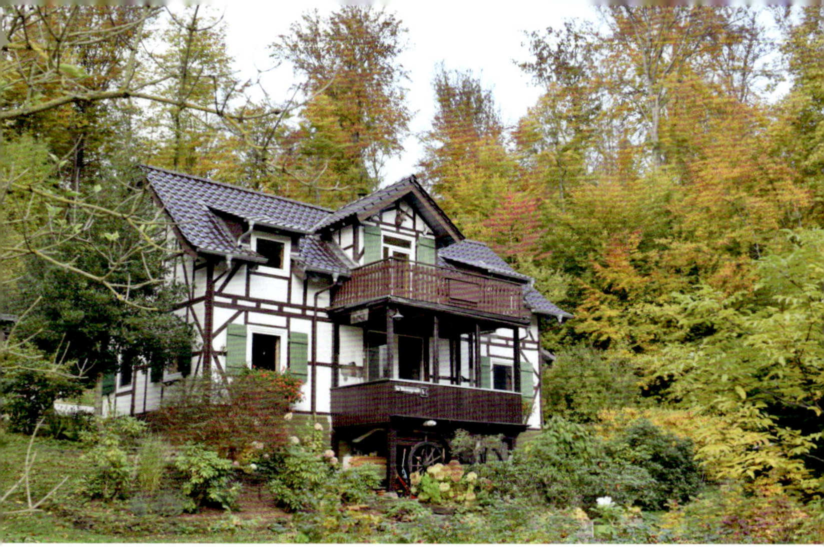

Fachwerkhaus Im Wiesengrund

Hinter einer Einmündung gehen Sie an der Gabelung nach rechts den Waldweg zum **Sengelsberg** (400 m) hinauf. Von der Rastbank ❸ haben Sie einen fantastischen Ausblick hinüber zum Schloss Waldeck.

Sie kommen zu einem einzelnen uralten **Birnbaum**, an dem Sie nach links abbiegen. Am Waldrand nehmen Sie den hinteren der beiden nach links führenden Wege. Er mündet in einen Forstweg, Sie wandern weiter geradeaus bis zu einem Strommast. Dort geht es nach rechts in den Wald hinab.

An der Sitzbank neben einer Kahlschlagfläche folgen Sie dem Forstweg nach rechts. Er trifft auf einen anderen Forstweg, hier gehen Sie nach links weiter bergab. An der ersten Gabelung halten Sie sich links, an der zweiten Gabelung rechts. Gehen Sie über die Auenwiese zur anderen Talseite des **Steinbachtals** und dort auf dem Feldweg zu einer T-Kreuzung. Hier laufen Sie links auf dem Teerweg bergauf bis zu einer weiteren T-Kreuzung, dort nach rechts bergab und nach knapp 100 m nach links auf einem bergauf führenden Grasweg zu einer Buche, die mitten auf dem Weg wächst.

An diesem eindrucksvollen Baum biegt der Habichtswaldsteig nach rechts ab und führt hinab ins Netzetal. Gehen Sie nach rechts über die **Netze** zur B485. Sie kreuzen vorsichtig die Bundesstraße und laufen auf einem Feldweg unter der Eisenbahnbrücke hindurch. Er führt zu einer Wegkreuzung mit der Infotafel „Waldeck".

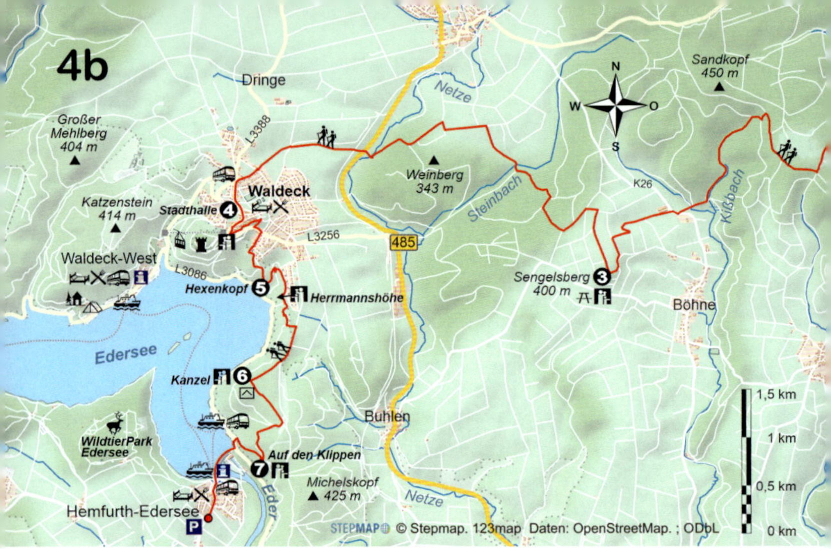

Sie wandern geradeaus den Grasweg hinauf, überqueren die Dr.-Mauser-Straße und laufen geradeaus die Zimmerstraße hinauf. An deren Ende gehen Sie links die Sachsenhäuser Straße hinauf bis zur **evangelischen Kirche**. Dabei passieren Sie die Stadthalle ❹.

Waldeck

34513, 1.600 Einw.

Bürger- und Tourismusbüro, Marktplatz 13, ☏ 056 23/97 37 82, www.waldeck-stadt.de, tourismus@waldeck.de, ➲ am Weg, Mai bis Okt Mo bis Fr 10:00 bis 16:00, Sa 10:00 bis 14:00, Nov bis April Mo bis Fr 9:00 bis 15:00, ganzjährig: Fei (nicht So) 10:00 bis 14:00

Kurabgabe € 1

Ringhotel Roggenland, Schlossstraße 11-13, ☏ 056 23/99 88, www.roggenland.de, info@roggenland.de, ➲ am Weg, ÜF EZ ab 85, DZ ab € 130, Sauna

♦ Hotel Schloss Waldeck, ☏ 056 23/58 90, www.schloss-hotel-waldeck.de, info@hotel-schloss-waldeck.de, ➲ 450 m, Ü DZ ab € 139, F € 14,50, Sauna,

Waldhotel Wiesemann am See, Oberer Seeweg 1-2 (am See), ☏ 056 23/933 52 90, www.waldhotel-wiesemann.de, reception@waldhotel-wiesemann.de, ➲ 2,4 km, ÜF DZ ab € 81,

Hotel Strandhaus No 12, Randstraße 8 (am See), ☏ 056 23/56 76, 01 72/560 17 46, www.strandhaus12.de, mail@strandhaus12.de, 2,5 km, Preise auf Anfrage

Bio Hotel Belvedere, Bahnhofstraße 2-4, ☏ 056 23/973 57 10, www.belvedere-edersee.de, info@belvedere-edersee.de, am Weg, ÜF EZ ab € 56, DZ ab € 94, DBZ ab € 150, Wellnessbereich, Naturbadesee

♦ Hotel Seeschlösschen, Kirschbaumweg 4, ☏ 056 23/51 13, www.hotel-seeschloesschen.info, post@hotel-seeschloesschen.info, 170 m, ÜF EZ 65-71, DZ € 106-124, Zustellbett € 38, auf Anfrage und nur im Korb, Sauna € 7

♦ Pension Schüßler, Gecksburg 10a, ☏ 056 23/973 00 98, 01 60/601 61 63 www.pension-schuessler.de, info@pension-schuessler.de, 200 m, 10 Betten ÜF DZ € 98, @

♦ Landhotel Edersee, Oberer Seeweg 5 (am See), ☏ 056 23/56 00, www.landhotel-edersee.de, info@landhotel-edersee.de, 2,4 km, ÜF EZ € 50, DZ € 82-89, DBZ € 102, hoteleigener Bootsverleih, @

Seehotel Andree, Seeweg 1-2 (am See), ☏ 056 23/54 26, www.seehotel-andree.de, seehotel-andree@t-online.de, 2,1 km, ÜF EZ € 67, DZ € 104, @ (im öff. Bereich) (Decke mitbringen!)

Jugendherberge Waldeck am Edersee, Klippenweg 3 (am See), ☏ 056 23/53 13, www.jugendherberge.de, jh-waldeck@jugendherberge.de, 3 km, 163 Betten, ÜF 30, ab 27 Jahre € 36, Jugendherbergsausweis erforderlich, @

Wohnmobilstellplatz Seeblick, Güldener Ort 12 (Talstation Seilbahn), ☏ 056 23/97 38 94, 1,9 km, 13 Stellplätze, € 12 für 2 Pers., € 1, € 3/24 Std., @

Strandbad in der Waldecker Bucht, Randstraße 10, ☏ 056 23/56 76, Eintritt frei, Badeinsel mit Rutsche

Neben dem Schloss Waldeck befindet sich die Bergstation der Kabinenseilbahn, mit der Sie den Edersee und die dortigen Unterkünfte erreichen können. ☏ 056 23/53 54, www.waldeckerbergbahn.de, Ende März bis Ende Okt 9:30 bis 17:30 (Mai bis Sep bis 18:30), Einzelfahrt € 4, Berg- und Talfahrt € 6, € 1

Personenschifffahrt Edersee, Anlegestelle Waldeck Strandbad, ☏ 056 23/54 15, www.personenschifffahrt-edersee.de, Mai bis Okt 4- bis 8-mal täglich, € 6 bis Sperrmauer, € 2. Nasse Hunde sind von der Fahrt ausgeschlossen!

Bus 503, 510, 510.1, 510.2, AST 581, 583, 585 (muss vor Fahrtantritt verbindlich gebucht werden: ☏ 056 31/506 20 88) „Waldeck, Schlossstraße“ (am Weg) oder „Waldeck, Strandbad“ (am See)

Waldecker Wanderbus, ☏ 056 34/16 98
Personenbeförderung Wünnemann, ☏ 056 34/99 37 29, 0160/96 88 00 24
♦ Kerstien Personenbeförderung, ☏ 056 34/99 4 84 00

Schloss Waldeck ist eine gut erhaltene mittelalterliche Wehranlage aus dem 11. Jh. Die Grafen von Waldeck bauten die Burg schlossartig aus und residierten darin bis 1665. Danach wurde die Anlage als Festung, Kaserne, Zuchthaus, Frauengefängnis, Landesarchiv und Forstamt genutzt. Aktuell beherbergt sie ein Museum und ein Hotel. Bei einer Besichtigung des Schlossmuseums führt der Weg auch zum Burgbrunnen und zu den Verliesen.
♦ www.schloss-waldeck.de, täglich 10:00 bis 18:00

Urlauber, Kurgäste, Tagesausflügler und Wanderer wissen **Waldeck** gleichermaßen zu schätzen. Der schmucke Ort hoch über dem Edersee bietet eine gute Infrastruktur und fantastische Aussichten.

An der Waldecke

Der Sage nach ritt vor langer Zeit ein Graf mit seinem Tross das Edertal hinauf auf der Suche nach einem günstigen Platz für eine neue Burg. Unterwegs traf er einen Schäfer, der sich im Schatten ausruhte und fragte ihn nach einem geeigneten Ort für die Gründung einer Burg. Statt pflichtschuldig aufzuspringen und dem Edelmann einen Rat zu geben, hob er nur den Fuß, wies damit auf eine felsige Stelle und sagte: „Da oben an der Waldecke!" Der Graf bedanke sich und zog mit seinen Mannen hinauf zu der gezeigten Stelle. Sie gefiel ihm ausnehmend gut und er begann genau dort mit dem Bau seiner Burg. Zu dieser Zeit soll im Schlossfelsen das Volk der Hollen (eine Art Wichtel) gelebt haben. Mit ihnen schloss der Graf einen Vertrag: Er schützte ihren heiligen Wichtelstein, dafür halfen sie beim Bau der Burg. Weder das Hollenreich noch die Burg sollten je sinken oder wanken. Als dankbare Erinnerung an den guten Rat des Schäfers nannte er seine Burg Waldeck.

☺ Wenn Sie in Waldeck erst am späten Nachmittag ankommen oder schon müde sind, sollten Sie hier in Waldeck übernachten. Mir erscheint das letzte Stück der letzten Etappe zu anspruchsvoll, um es am Ende einer Tageswanderung noch eilig zu stolpern und sich zu sorgen, ob Sie unten an der Sperrmauer noch den letzten Bus erwischen. Starten Sie lieber am nächsten Morgen frisch und trittsicher zu dieser schönen Panoramatour.

Dann haben Sie nach etwa 6 km unten am Edersee auch genug Zeit für einen Besuch des Wildtierparks, einen Spaziergang auf dem Baumkronenpfad und/oder eine Schiffstour zurück nach Waldeck – und können trotzdem ganz entspannt mit dem ÖPNV zum Startpunkt oder Shuttlepunkt oder in die Heimat abreisen.

Bleiben Sie auf dieser Straße bis zum **Ringhotel Roggenland**, dort nehmen Sie links den Fußweg bergauf. Hier entdecken Sie erste Markierungen des Kellerwaldsteigs und des Urwaldsteigs Edersee, die Sie fast bis zum Ende Ihrer Wanderung begleiten werden. Alle drei Wegzeichen sind in Holzpfähle gefräst.

Der Kellerwaldsteig ist ein etwa 160 km langer Rundweg durch den Kellerwald, der Urwaldsteig Edersee führt 70 km rund um den Edersee.

www.kellerwaldsteig.de, www.urwaldsteig-edersee.de

Sie kommen zum Elsterberg und dem **Märchenrastplatz Landschaftsrahmen** („Lassen Sie Ihren Blick auf Schloss und Edersee ruhen!“) mit einer grandiosen Aussicht auf das Schloss Waldeck und die Ederseelandschaft.

Märchenhafte Ausblicke vom Märchenrastplatz auf dem Elsterberg

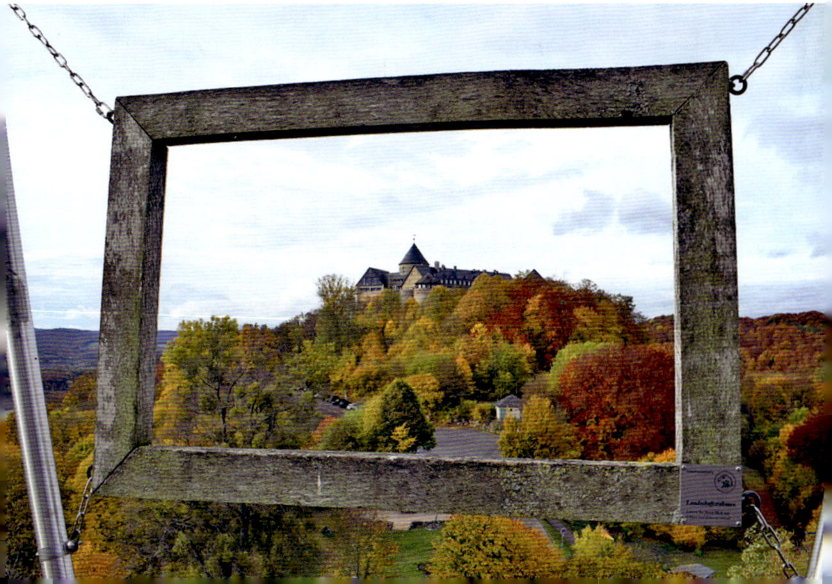

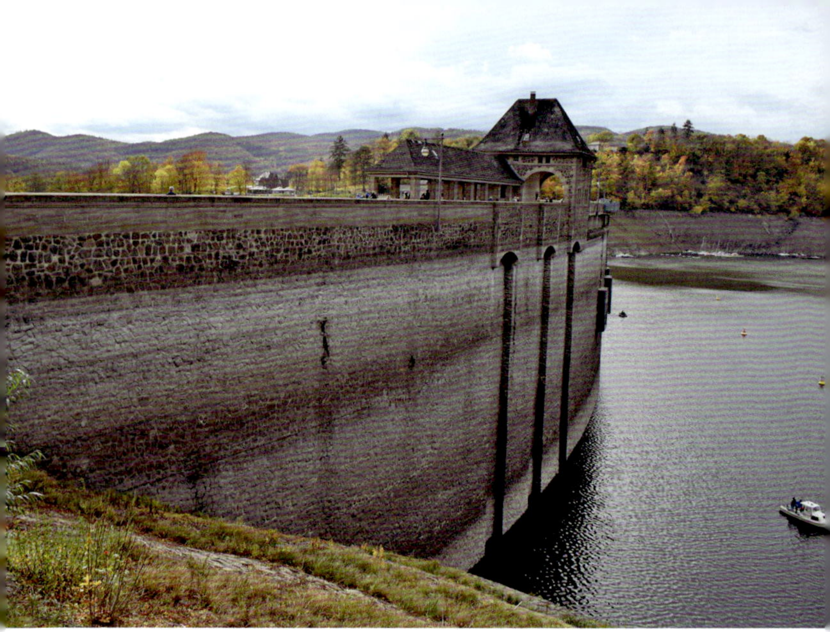

Sperrmauer des Edersee

Auf einem Pfad wandern Sie unterhalb der Stadtmauer bergab. An dem Baum mit der Nummer 1 gehen Sie geradeaus, der Kirchpfad führt mit Geländern gesichert am Steilhang entlang zur **Friedhofskapelle**.

Dort gehen Sie scharf rechts den steilen Weg hinab zum 🛏 **Hotel Belvedere** an der Bahnhofsstraße, der Sie nach links zur nächsten Kreuzung folgen. Biegen Sie dort rechts in die Straße „Am Ziegenberg". An der Gabelung gehen Sie nach links in die Sackgasse, sie wird an ihrem Ende zum Wanderweg.

Er wird zu einem wunderschönen Pfad, der sich an den Steilhängen des Ziegenberges entlang windet. Zwischen knorrigen alten Bäumen wandern Sie hinauf zum **Hexenkopf ❺**. In dieser Idylle ist es kaum vorstellbar, dass hier der Sage nach früher Hexen verbrannt wurden.

Ignorieren Sie die Seitenwege und gehen Sie scharf nach rechts hinab zum **Teufelsgraben**, sobald eine Weide in Sicht kommt. Sie überqueren den Graben auf einem Steg und gehen nach rechts weiter. Hinter einer Engstelle wandern Sie nach links bergauf zu einer T-Kreuzung, dort folgen Sie dem rechten Weg. An der nächsten Gabelung nehmen Sie ebenfalls den rechten Weg.

↳ Etwa 100 m weiter kommt rechts ein Abzweig, an dem Sie einen Abstecher zur Hermannshöhe machen können, ➲ 100 m.

An einer Gabelung mit einer Eiche führt der Habichtswaldsteig unerwartet auf dem nach links führenden Pfad weiter. Sie wandern nun bergauf, zum Teil bietet ein Handlauf seine Hilfe an. Nach zwei Spitzkehren geht es an einer Gabelung links aus dem Wald hinaus. Laufen Sie nach rechts auf dem Wirtschaftsweg am Waldrand entlang und zurück in den Wald. Am Nationalparkschild gehen Sie nach rechts hinüber zur **Kanzel ❻**.

Hier wartet neben einer traumhaften Aussicht und der Friedrich-Meyer-Hütte auch der letzte **Märchenrastplatz** auf Sie: die Märchenthrone („Thronen Sie mit Ausblick auf ‚Ihren' Edersee!").

Laufen Sie nach links bergab und gehen Sie hinter der Schneise an der T-Kreuzung nach rechts. Der Weg führt unterhalb des Uhrenkopfs (390 m) entlang zu einer Gabelung, dort geht es nach links. Bei der Aussichtsbank folgen Sie unter dem Strommast dem Weg durch einen Linksbogen zu einer Infotafel zum Kellerwaldsteig am Aussichtspunkt **Auf den Klippen ❼**.

☺ Soll Ihre Wanderung an der Sperrmauer noch nicht enden? Dann bleiben Sie am Aussichtspunkt **Auf den Klippen** auf dem Höhenweg und folgen den Markierungen des Kellerwaldsteigs (160 km) und des Urwaldsteigs Edersee (68 km rund um den Edersee).

📖 **Kellerwaldsteig mit Urwaldsteig Edersee**, Thorsten Hoyer, Conrad Stein Verlag, ISBN 978-3-86686-623-2, € 10,90

An der kleinen Kanzel auf den Ederseeklippen gehen Sie nach rechts, an der Gabelung nach links und steigen auf einem Pfad hinab zur Randstraße L3086. Überqueren Sie diese und laufen Sie nach links am Imbiss vorbei, dann rechts über die **Sperrmauer** des Edersees zur Touristeninformation, an der Sie sich Ihren letzten Stempel in die Wanderkarte drücken lassen.

Sie haben das Ende des Habichtswaldsteigs erreicht. Über den großen Platz halb rechts gehend erreichen Sie die Bushaltestelle „Aquapark", wenn Sie mit öffentlichen Verkehrsmitteln zurück zum Start oder nach Hause fahren wollen. Auf der Straße Zur Sperrmauer erreichen Sie nach etwa 400 m den **P Parkplatz Ederseetalsperre** mit einer letzten Habichtskopf-Markierung.

Hemfurth-Edersee

34549, 800 Einw.

Tourist-Information auf der Staumauer, Sperrmauer West, 056 23/99 98 50, info@edersee.com, am Weg, Ostern bis Okt täglich 11:00 bis 17:00, 25.12. bis 1.1. 12:00 bis 16:00

Die Edersee Touristic bietet von Juni bis August jeden Mittwoch um 16:00 eine Führung über die 400 m lange Sperrmauer an.

Kurtaxe € 0,60

Edersee-Hotel Floren, Zur Sperrmauer 59, 056 23/17 78, https://edersee-hotel.de, info@edersee-hotel.de, am Weg, ÜF DZ € 116, @

Hotel Ederseeblick, Randstraße 4 (vor der Sperrmauer nach rechts), 056 23/947 90, www.hotel-ederseeblick.de, info@hotel-ederseeblick.de, 200 m, ÜF DZ ab € 99, Zustellbett ab € 38, ab € 8, @

Café-Pension Haus Talblick, Zur Sperrmauer 45, 056 23/17 34, www.talblick-edersee.de, info@talblick-edersee.de, am Weg, ÜF EZ ab € 40, DZ ab € 95, auf Anfrage,

Wohnmobilstellplatz Kraftwerkstraße 9, 056 23/80 80, ganzjährig, Stellplatz € 6/Nacht, Strom, Wasser, Entsorgung Chemie-WC je 1 €,

WildtierPark Edersee mit Greifenwarte, 056 23/97 30 30, www.wildtierpark-edersee.eu, www.greifenwarte-edersee.de, 1 km. Im Tierpark können Sie Schwarz-, Rot-, Dam-, Muffel- und Steinwild, Wölfe, Luchse, Wildkatzen, Waschbären, Fischotter, Tarpane, Wisente und Przewalski-Pferde beobachten, die Greifenwarte zeigt Flugvorführungen.

Baumkronenweg, 056 23/973 79 77, www.baumkronenweg.de, 1 km. Vielleicht nutzen Sie den Baumkronenweg als luftigen Abschluss Ihrer Wanderung?

Personenschifffahrt Edersee, Anlegestellen Edertalsperrmauer West und Edertalsperrmauer Ost, 056 23/54 15, www.personenschifffahrt-edersee.de, Mai bis Okt 4- bis 8-mal täglich, € 6 bis Sperrmauer, € 2. Nasse Hunde sind von der Fahrt ausgeschlossen!

Bus 510 oder AST 583 (muss vor Fahrtantritt verbindlich gebucht werden: 056 31/506 20 88) „Edertal-Hemfurth, Sperrmauer Ostseite“, Bus 503, 510, 515 „Edertal, Aquapark“

Um zurück nach Zierenberg zu kommen, nehmen Sie den Bus 510 bis Korbach Hbf. (ca. 50 Min). Von dort bringt Sie die RB4 zum Bf. Zierenberg (ca. 55 Min).

Extratouren

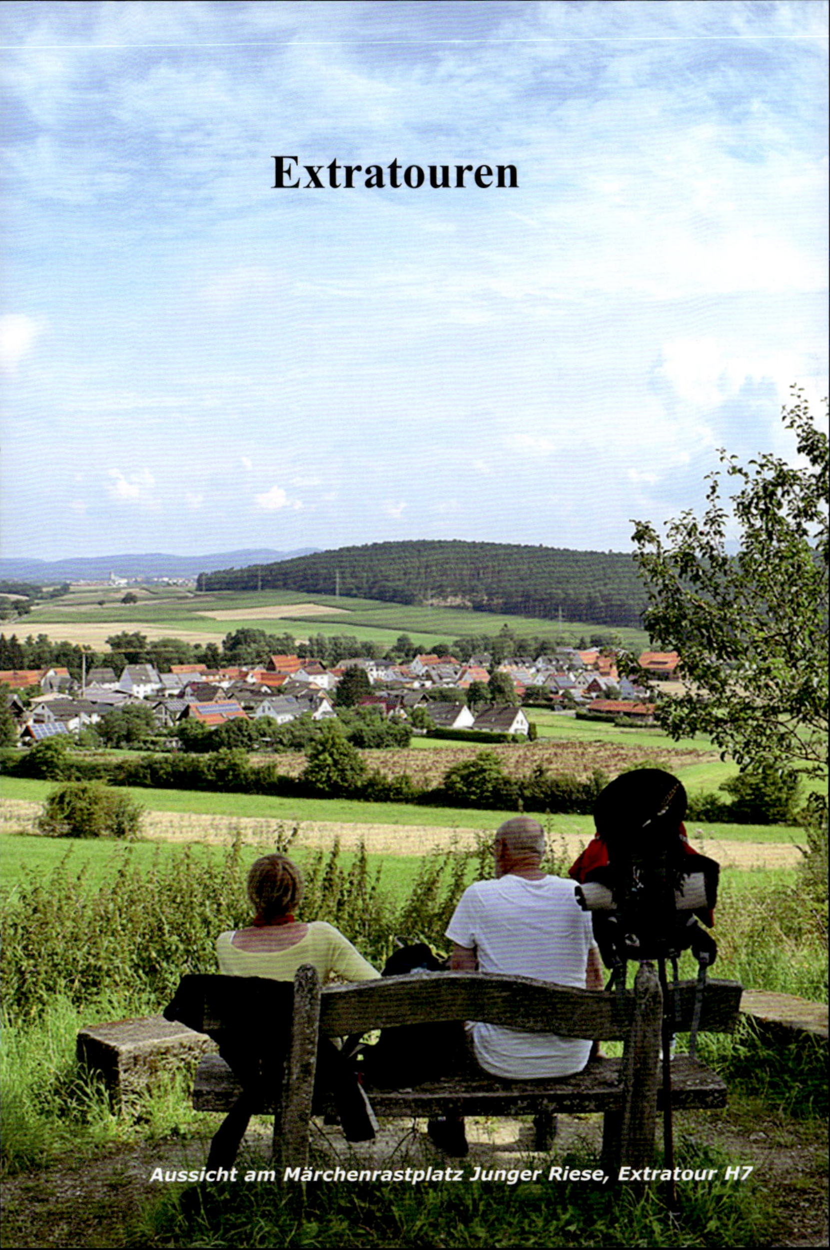

Aussicht am Märchenrastplatz Junger Riese, Extratour H7

H1: Um den Berg der Fee (Extratour Breuna)

➲ 9,9 km, ⌛ 3 Std., ↑ 183 m, ↓ 183 m, ⇧ 216-359 m

0,0 km	⇧ 311 m	Grillplatz Oberlistingen ⛩ ⛰ P
1,3 km	⇧ 361 m	Rastplatz Igelsbett ⛩
4,7 km	⇧ 271 m	Baumriesen
7,7 km	⇧ 304 m	Gut Sieberhausen ⌘
9,9 km	⇧ 361 m	Grillplatz Oberlistingen ⛩ ⛰ P

P Wanderparkplatz an der Grillhütte Oberlistingen, Zufahrt über den Igelsbettweg

🚌 Bus 120 „Breuna-Oberlistingen, Arolser Straße" (↳ 700 m bei km 0)

🚗 Fahrservice Stolte in Volkmarsen, ☏ 0 56 93/91 53 91

Ohne Anbindung an den Habichtswaldsteig führt diese Extratour zum Plateau des Igelsbetts mit seinen wassergefüllten Tümpeln, die sich in ehemaligen Sandgruben gebildet haben. Durch den alten Buchenwald geht es hinab zu einem schönen Waldrandpfad, der Sie zum Gut Sieberhausen bringt.

Gut Sieberhausen

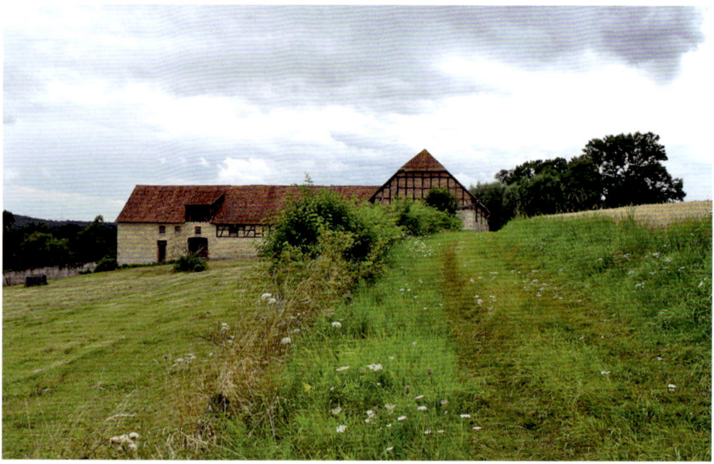

An der Zufahrt zum **P** Parkplatz neben dem Grillplatz Oberlistingen gehen Sie an der Schranke nach rechts bergauf und auf dem Forstweg etwa 500 m bis zu einer Gabelung. Nehmen Sie den rechten Weg, er führt zunächst bergauf. Nach gut 300 m wird er zwar ebener, aber (bei Regen) leider auch matschiger, während Sie auf dem Plateau des **Igelsbetts** (347 m) durch lichten Laubwald auf eine T-Kreuzung zuwandern.

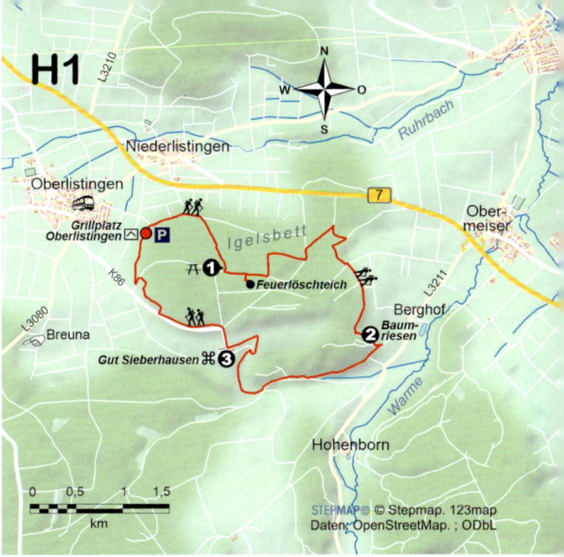

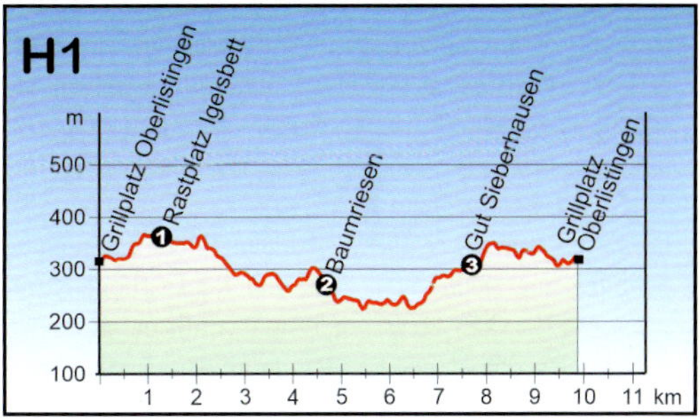

Dort bieten sich einige Ruheliegen und ein überdachter Rastplatz mit dem verträumten Namen **Rast- und Ruheplatz am Berg der Fee** ❶ für eine erste kleine Pause an. Die Verantwortlichen des Habichtswaldsteigs gehen sogar noch einen Schritt weiter, bezeichnen die Liegen als **Märchenrastplatz Traumliegen** und fordern Sie auf: „Träumen Sie von Prinzen und Feen inmitten der Natur!"

Sie biegen links ab und folgen einem breiten Forstweg für 200 m zu einer Infotafel über die **Niederlistinger Sandgruben.** Wenn Sie hier geradeaus zum **Feuerlöschteich Igelsbett** laufen, kommen Sie an einen idyllischen Waldtümpel mit Rastbank. Nichts erinnert daran, dass es sich dabei um eine Sandgrube handelt, die zum Feuerlöschteich ausgebaut wurde.

Harte Zeiten

Nach den beiden Weltkriegen war die Not der Niederlistinger groß, viele Gebäude mussten wiederaufgebaut werden. Um die Baukosten gering zu halten, besann man sich der natürlichen Sandvorkommen auf dem Igelsbett. Der Weg war weit, das Gelände sumpfig. Dennoch bauten die fleißigen Bürger einen Knüppeldamm mit Schienen, auf denen Sie den Sand in Kipploren transportierten, die sie von Hand bis zu einem Punkt schoben, an denen das Baumaterial auf Pferdefuhrwerke umgeladen werden konnte.

Zurück an der Infotafel gehen Sie nach rechts, also in alter Laufrichtung geradeaus. Auf der linken Wegseite befindet sich Laubwald, auf der rechten Seite eine Rodung. Etwa nach 300 m biegen Sie nach links in den Wald ab, der Weg führt mit leichtem Gefälle vom **Plateau** hinab und macht dabei einen Knick nach rechts zu einer T-Kreuzung.

Sie folgen dem Forstweg nach links und biegen nach gut 100 m rechts auf einen Pfad ab. Er endet nach etwa 300 m an einem Forstweg, dem Sie nach rechts bergauf und durch eine Linkskurve folgen. In der zweiten Linkskurve verlassen Sie den Forstweg und nehmen den nach rechts führenden Grasweg. Nach knapp 150 m macht er einen Linksbogen und führt über sehr feuchten Untergrund weiter. Zunächst sehen Sie nur durch wenige Baumlücken, dass links von Ihnen ein Feld liegt, doch dann führt der Weg aus dem Wald hinaus zu einer Kreuzung am **Waldrand**.

Hier gehen Sie halb rechts weiter und genießen die schönen Ausblicke auf die Orte Obermeiser und Westuffeln. Leider hat auch hier der Borkenkäfer schwere Schäden angerichtet, die Fäll- und Rückearbeiten werden wohl noch eine Weile andauern. In dem verwirrenden Labyrinth der Rückewege halten Sie sich links an dem noch vorhandenen Waldrand und nehmen den Weg, der annähernd eben führt.

Der H1 wird zum Pfad und führt nach links steil bergab in einen gesunden **Mischwald** mit beeindruckenden Baumriesen ❷. Die Bäume wachsen hier unfassbar hoch. An einem Feldweg nehmen Sie den nach rechts führenden Pfad und laufen darauf bis zu einem Forstweg.

Folgen Sie diesem nach links bergab und biegen Sie nach 60 m scharf rechts in einen Grasweg ein, auf dem Sie eine **Imkerei** passieren. Dahinter gehen Sie am Waldrand weiter. Etwa 20 m vor einem Sträßchen folgen Sie dem Pfad bergauf, er führt parallel dazu und kreuzt einen Forstweg.

Hinter der Bank steigen Sie rechts die **Treppe** hinauf und gehen am Treppenkopf nach links weiter. Der Pfad endet an einer Straße, folgen Sie dieser nach rechts bergauf bis zu einer Linkskurve.

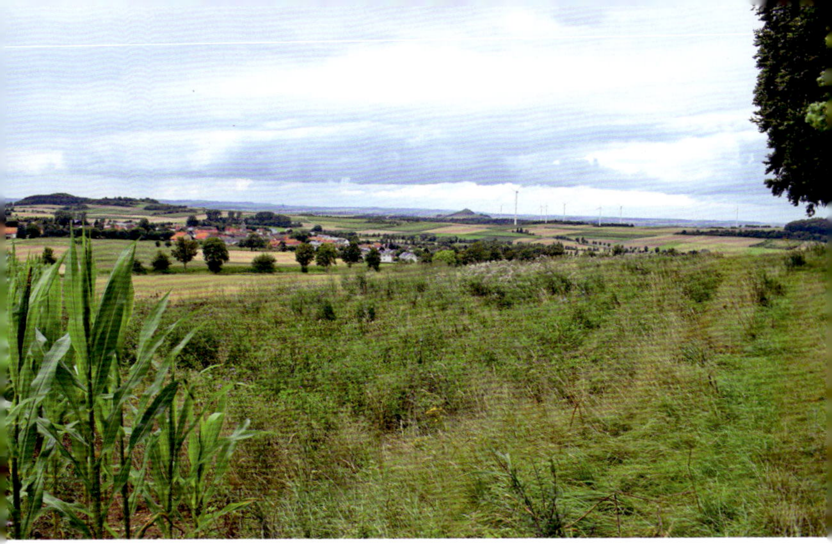

Waldrandweg mit Blick nach Oberlistingen

Dort verlassen Sie die Straße und laufen rechts den Schotterweg hinauf. An der Gabelung gehen Sie nach links und nach etwa 30 m links neben dem Zaun entlang auf einem Grasweg bis zu einer Zaunecke. Hier biegen Sie links ab und laufen auf das **Gut Sieberhausen** zu. Als „Silborgohusun" gehörte es bereits um das Jahr 1000 zu den Besitztümern der Bischöfe von Paderborn.

Am Gutshof ❸ biegen Sie vor dem **Weiher** nach rechts ab und folgen der Straße bis zum Rettungspunkt KS-609 am Waldrand. Hier werden Sie auf einer Infotafel über die Sage informiert, in der ein Bauer allen Lockungen und Aufforderungen der Fee widerstand, die für den Namen dieser Rundwanderung sorgte.

Verlassen Sie die Straße und folgen Sie hinter der Sitzbank dem Pfad nach links. Er verläuft etwas oberhalb der Straße durch den **Hochwald** und wird zum Forstweg. An der Gabelung halten Sie sich links und wandern hinter einer Bank nach rechts bergauf und wieder am Waldrand entlang zu einem Rückeweg, diesem folgen Sie nach links.

Wenn er nach rechts abbiegt, folgen Sie geradeaus dem Pfad zu einem Teerweg. Auf diesem gehen Sie nach links und biegen nach etwa 80 m nach rechts ab. Hier am Waldrand ergeben sich prächtige Aussichten hinab nach Oberlistingen und Sie kommen zum **Grillplatz Oberlistingen**, wo Sie in der ⌂ Schutzhütte, auf einer der Sitzbänke oder an einem der ⛩ Picknicktische Ihren letzten Proviant genießen können, bevor es zurück zum Auto geht.

H2: In geheimnisvoller Bergwelt (Extratour Zierenberg)

17,9 km, 6 Std., ↑ 428 m, ↓ 428 m, ⇧ 302-571 m

0,0 km	⇧ 366 m	Alpenpfad
2,4 km	⇧ 455 m	Großer Schreckenberg
2,8 km	⇧ 394 m	Blaue Steine
7,4 km	⇧ 327 m	Giesekes Ruh
9,4 km	⇧ 400 m	Wichtelkirche
10,4 km	⇧ 425 m	Bergcafé Friedrichstein
11,1 km	⇧ 577 m	Hoher Dörnberg
13,2 km	⇧ 486 m	Helfensteine
14,0 km	⇧ 433 m	Café Helfensteine
17,9 km	⇧ 366 m	Alpenpfad

P Wanderparkplatz Dörnberg (Alpenpfad), Auf dem Dörnberg (K97), weitere Parkmöglichkeiten am Naturparkzentrum und in Friedrichstein

Bus 118 „Alpenpfad“ (am Startpunkt), Sa, So alle 2 Stunden

Ernst Graf Taxi in Calden, ☏ 0 56 77/2 78

Könnten Sie nur einen einzigen Tag im Habichtswald wandern, würde Ihnen von Kennern der Region sicherlich dieser Weg vorgeschlagen. Sie wandern über ein Plateau, das vor 5.000 Jahren besiedelt war. Das Weidevieh lässt sich den Magerrasen schmecken und ermöglicht so das Wachstum seltener Blumen und krummer Wacholdergestalten. Bizarre Felsen säumen die schmalen Pfade, auf denen Sie zum Schreckenbergturm, zur Wichtelkirche und zum Hohen Dörnberg wandern.

Sie starten am Infopavillon an der Bushaltestelle „Alpenpfad“. Laufen Sie zum unteren Ende des **Wanderparkplatzes** und folgen Sie dort dem Graspfad. Besonders schön ist das an trockenen Sommertagen, dann führt er durch ein wahres Schmetterlingsparadies.

Er endet an der **L3214**, die Sie vorsichtig kreuzen. Hinter dem Rettungspunkt KS-513 wandern Sie auf dem Forstweg in den Wald. An der Einmündung nehmen Sie den Weg geradeaus, ebenso direkt dahinter an der Kreuzung mit den Erdgas-Schildern. An der größeren Kreuzung laufen Sie nach links (Richtung Schreckenberg) auf dem Forstweg weiter.

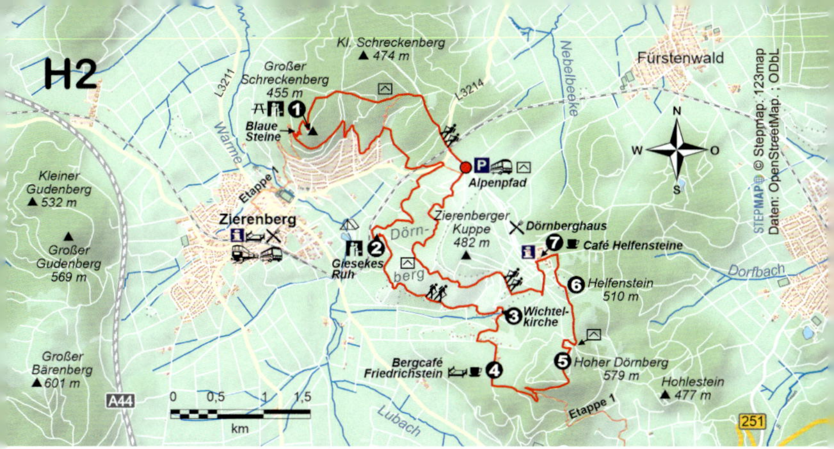

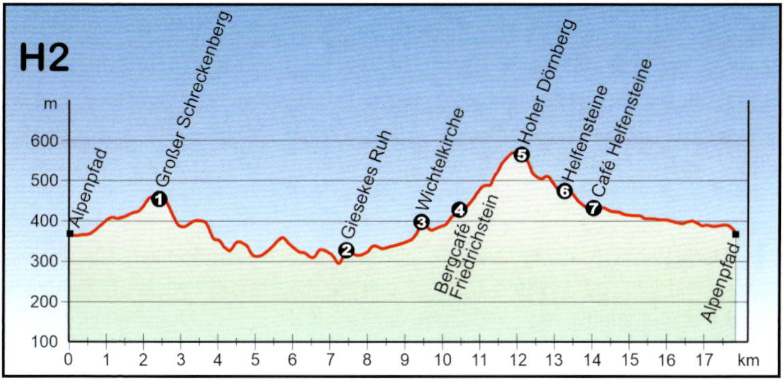

Verlassen Sie den Forstweg vor der Steigung nach links und folgen Sie dem Waldweg bis zu einer Gabelung. Dort treffen Sie erstmals auf den **Habichtswaldsteig**. Seine Markierungen mit dem Habichtskopf werden Ihnen bei dieser Wanderung noch mehrfach begegnen.

Sie wandern geradeaus weiter und passieren eine ⌂ Schutzhütte. An der nächsten Gabelung gehen Sie nach rechts und treffen nach etwa 400 m auf einen Teerweg. Hier gehen Sie weiter geradeaus Richtung Schreckenberg. An der nächsten Kreuzung wandern Sie auf der rechten Seite der Sitzbank geradeaus bergauf zur nördlichen Bergkuppe, dort nach links bergab und wieder bergauf zum höchsten Punkt des **Großen Schreckensbergs** ❶ (455 m). Ein Tisch und der 15,5 m hohe Schreckenbergturm stellen Sie vor die Wahl, eine Picknickpause einzulegen oder einen Aufstieg mit Panoramablick zu wagen.

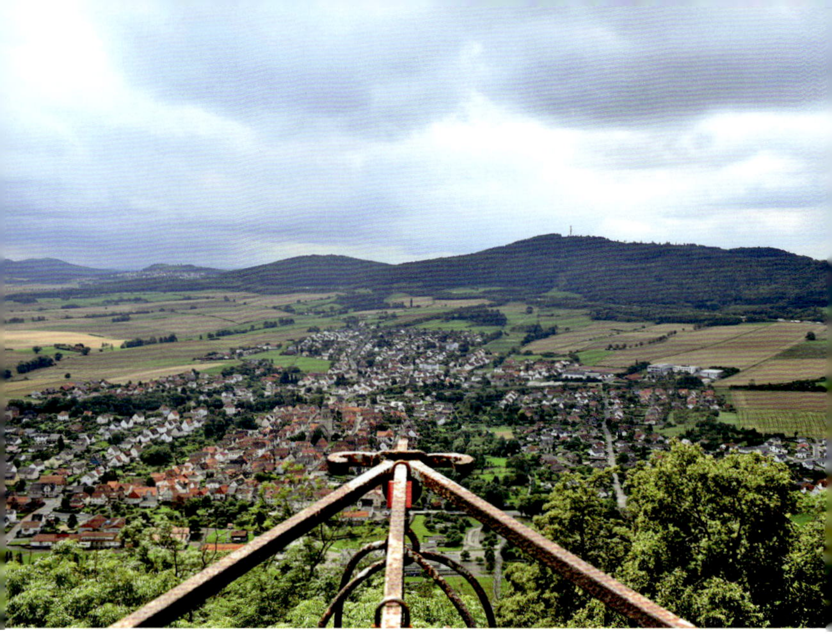

Blick vom Schreckenbergturm nach Zierenberg

Über sieben Stufen steigen Sie hinab zu den **Blauen Steinen**. Über dieses Geröllfeld führt der Pfad im Zickzack bergab, das erfordert etwas Trittsicherheit und Konzentration.

Unten kommen Sie an eine T-Kreuzung. ✋ Hier zeigt der Habichtskopf nach rechts Richtung Zierenberg, Sie aber folgen den Markierungen des H2 scharf nach links. ✋ Dieser Grasweg ist im Sommer zum Teil mit hohen Wildkräutern und Brennnesseln überwuchert und wird später zum Waldweg. Sie ignorieren alle Seitenpfade und gehen auch an der ersten Kreuzung noch geradeaus. An der nächsten Kreuzung folgen Sie dem Forstweg nach rechts zu einem Teerweg und gehen auf ihm nach rechts weiter bergab bis an den Ortsrand von **Zierenberg** (☞ Seite 33).

Vor dem ersten Wohnhaus laufen Sie scharf links auf dem Grasweg zurück in den Wald und hinab zu einem Tal namens **Im tiefen Graben**. Dort folgen Sie den Wegweisern nach halb rechts Richtung Jägerpfad/Alpenpfad und wandern hinter den Gärten der Zierenberger geradeaus bis zu einer T-Kreuzung. Gehen Sie nach links zum Ehrster Grund, dort rechts durch eine Senke und dahinter rechts am Waldrand bis zu einer Pferdekoppel.

Laufen Sie nach links und folgen Sie nach 5 m dem Pfad nach rechts. An der Gabelung geht es links bergauf zu einer T-Kreuzung, hier rechts. Sie laufen zunächst parallel zur L3214 und steigen eine Treppe hinauf. Dann geht es bergab und Sie kreuzen die **L3214**.

↳ Dahinter können Sie dem Habichtswaldsteig nach links zum Startpunkt folgen, wenn Sie die Wanderung in zwei Etappen laufen wollen. Daraus ergibt sich eine etwa 6 km lange Runde.

Am Wegesrand

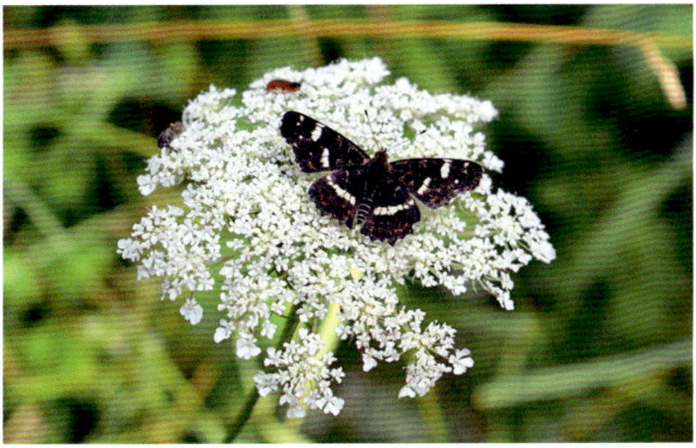

Der H2 führt an der Gabelung rechts bergab über eine Schmetterlingswiese zu einem **Wasserspeicher** und einer Holzhütte. Dort gehen Sie nach links zu einer T-Kreuzung am Waldrand und folgen dem Jägerpfad nach rechts. An der nächsten T-Kreuzung geht es nach links am Waldrand weiter. (☝ Wegen Rodungsarbeiten während meiner Recherchewanderung bin ich nicht sicher, ob zum Zeitpunkt Ihrer Wanderung dort noch Waldrand sein wird.)

Nach etwa 600 m gehen Sie an der Gabelung nach rechts, der Weg führt bergab und in einem Linksbogen zu einer Einmündung von rechts. Sie gehen weiter geradeaus und folgen dem Weg durch eine weitere Linkskurve. Sie befinden sich nun auf dem **Ludwig-Müller-Steig**.

Er bringt Sie bergauf zu einem Wegweiser, an dem Sie scharf links zum Aussichtspunkt Giesekes Ruh ❷ gehen. Nachdem Sie die Aussicht genossen haben, gehen Sie zurück zu dem Wegweiser und folgen dem Weg nach links (also in ursprünglicher Laufrichtung geradeaus). Laufen Sie halb rechts bergab und nach etwa 15 m rechts Richtung Wichtelkirche. An zwei Kreuzungen mit Sitzbänken gehen Sie jeweils geradeaus. Die **Wacholderlandschaft** des Naturschutzgebiets Hoher Dörnberg entfaltet sich nun in all ihrer Schönheit. An einer weiteren Sitzbank macht der Pfad einen Linksbogen und mündet in einen Schotterweg.

Diesem folgen Sie nach links bergauf, aber schon nach 5 m nehmen Sie den rechts in den Wald führenden Pfad. Er verläuft am Waldrand neben einer Wiese mit Wacholder und Alpenblumen. An der T-Kreuzung gehen Sie nach rechts und entdecken die **Wichtelkirche ❸**, einen Felsen, auf dem im 12. und 13. Jh. die **Burg Blumenstein** stand.

Die Wichtelkirche

Am (oder im) Dörnberg lebte der Sage nach ein Wichtelvolk. Eines Tages traf der König der Wichtel ein Zierenberger Mädchen mit dem Namen Gotelind, das dort Blumen pflückte. Der König verliebte sich in die Schönheit und machte ihr einen Heiratsantrag. Als gläubige Christin musste sie den Antrag ablehnen, doch der Wichtelkönig baute seiner Angebeteten eine riesige Kirche, die er reich ausstaffierte. Beeindruckt von all der Pracht gab sie seinem Werben nach. Erst bei der Trauungszeremonie kamen ihr Zweifel. Als der Priester sie fragte, ob sie die Frau des Wichtelkönigs werden wolle, antwortete sie mit: „Nein!" Unmittelbar darauf erstarrte die Kirche samt Hochzeitsgesellschaft unter Blitz und Donner zu Stein.

Nach der Besteigung gehen Sie nach rechts bergab, also in ursprünglicher Laufrichtung geradeaus, und wandern am Fuß der **Wichtelkirche** in den Wald. Gehen Sie durch den Zaundurchlass und über das Hofgelände, dahinter laufen Sie auf dem Schotterweg halb links bergauf.

An der Gabelung wandern Sie nach links bergauf (Richtung Bergcafé). Folgen Sie an der T-Kreuzung dem nach links führenden Teerweg (Heilerbachtal). An der Hausnummer 21 gehen Sie nach rechts (Friedrichstein). Der Weg führt Sie an einem Reitstall und am 🛏 ✕ ☕ **Bergcafé Friedrichstein ❹** (☞ S. 39) entlang. Hier haben Sie einen Panoramablick. Gegenüber liegen Rohrberg, Bärenberg und Großer Gudenberg. Ganz links können Sie bei klarer Sicht den Weidelsberg sehen, ganz rechts den Großen und Kleinen Schreckenberg. Am Waldrand biegen Sie nach links ab und laufen an einer Wiese entlang. Nach etwa 200 m nehmen Sie an der Gabelung den rechten Weg. Schon nach 20 m geht es auf einem Pfad nach links bergauf. Er führt zunächst durch Niederwald, später durch Buchenhochwald und trifft nach einem Linksbogen erneut auf den **Habichtswaldsteig**.

Sie wandern nun nach links, nehmen auch an der nächsten Gabelung den linken Weg und gehen an der T-Kreuzung nach rechts. Bis zum Ende des Waldes geht es nun kontinuierlich bergauf. Hinter den Bäumen auf der linken Seite des Weges liegt der Gipfel des **Hohen Dörnbergs** (579 m) ❺ mit einer ⊙ Mittelgebirgsstürmer-Stempelstelle.

Sie verlassen den Wald und laufen durch das Gras der unbewaldeten Nordostseite des Hohen Dörnbergs. An Sommertagen begleitet Sie auf diesem Streckenabschnitt das Zirpen von Grillen. Der Pfad führt relativ steil bergab zu einer Tafel mit Informationen über die Wallanlagen am Dörnberg. Dort gehen Sie nach links bergab zu einem **Weidetor** und dahinter rechts am Weidezaun entlang.

Sie könnten nun einfach schräg nach rechts zu den Helfensteinen gehen, aber die Wegeplaner nehmen Sie noch auf einen kleinen Schlenker mit: 30 m hinter dem Weidetor gehen Sie rechts zurück auf die andere Zaunseite. An einer T-Kreuzung laufen Sie nach links und oberhalb der ⌂ Holzhütte (über NZV Naturpark zu mieten) biegen Sie erneut links ab. Der Weg bringt Sie zurück auf die **Kuhweide** und Sie gehen am Ende durch ein Drehtor auf das Fluggelände.

Auf einem Grasweg laufen Sie hinüber zu den **Helfensteinen** (510 m) ❻, also an der nächsten Wegkreuzung geradeaus bergauf. Halten Sie sich zwischen den Felsen eher links, der Weg führt unterhalb des nördlichen Felsens entlang.

☺ ↬ Instinktiv wollen Sie an der nächsten Gabelung links auf das Drehtor zuhalten. Tun Sie das ruhig! Dahinter erwartet Sie das Naturparkzentrum Habichtswald und das Café Helfensteine.

Der markierte Weg macht an der Gabelung unterhalb des Helfensteins noch einen Umweg: Folgen Sie dem rechten Weg bergab, er kreuzt einen anderen Weg und führt direkt dahinter in ein Waldstück. Nach etwa 200 m folgen Sie dem Forstweg nach links, er wird zu einer Straße, auf der Sie ebenfalls das ☕ **Café Helfensteine** ❼, das ⌘ Naturparkzentrum (☞ S. 37) und die 🚌 Bushaltestelle Naturparkzentrum erreichen. Nach einem Besuch des Naturparkzentrums und/oder des Cafés steigen Sie auf der anderen Straßenseite acht Stufen hinauf und folgen den Markierungen des Habichtswaldsteigs geradeaus zurück zum Zaun am **Flugplatz**.

✋ Auch bei Flugbetrieb darf der Weg gelaufen werden, die Warnschilder grenzen die erlaubten und verbotenen Zonen voneinander ab.

Gehen Sie durch das Drehtor. Direkt hinter dem Zaun folgen Sie einem der zahlreichen Pfade nach links den Hügel hinauf bis zu einem Holzpfosten und dort rechts am Rand des Flugplatzes entlang. Es geht nach rechts bergab bis kurz vor ein Weidetor und dort erneut nach rechts. Der Weg führt über die Kuhweide weiter am **Segelfluggelände** entlang und biegt erneut nach rechts ab. Der Weg verliert an Höhe und führt an einem Zaun mit Drehtor aus dem Fluggelände hinaus.

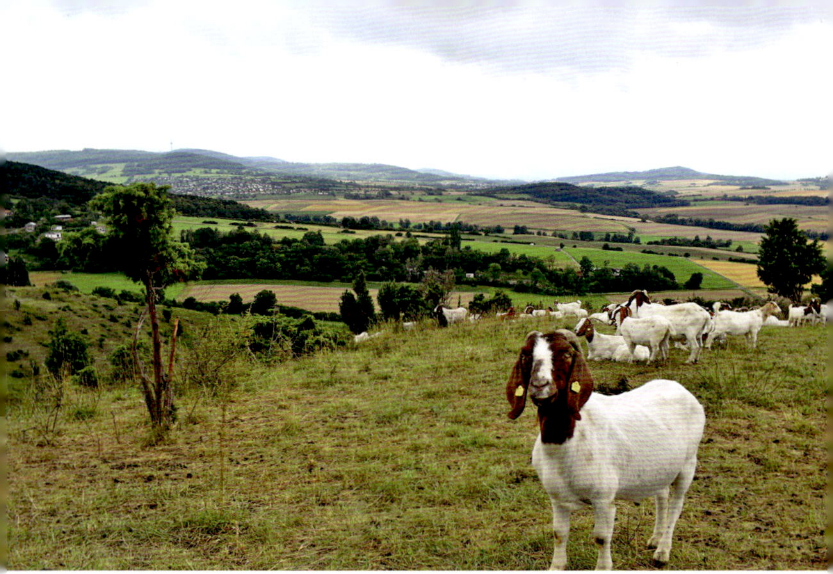

Weide am Alpenpfad

Hinter dem Drehtor gehen Sie an der Gabelung nach rechts. Spätestens hier erklärt sich der Name **Alpenpfad**, denn bei dieser Landschaft und den Aussichten fühlen Sie sich wahrscheinlich auch an die Alpen erinnert. Der Pfad verläuft auf einem Hang, der auf beiden Seiten mit Wacholder bewachsen ist.

Sie kommen zu einem Wäldchen mit zwei Rastbänken und zu einem Holzbohlenweg, dann geht es auf dem Hangweg weiter zu einem Aussichtspunkt mit Infos zur Wacholderheide. Es geht weiter geradeaus auf dem Hangweg, vorbei an weiteren Aussichtsbänken und einer Schutzhütte. An einer Bank mit **Blick auf Zierenberg** gehen Sie weiter geradeaus.

Der Panoramablick legt eine Pause ein, während Sie durch lichten Wald wandern. Der hat schnell ein Ende, denn ein enormer Teil des ursprünglichen Waldgebiets fiel in den Hitzesommern 2018-2020 dem Borkenkäfer zum Opfer und zeigt sich nun als **Rodungsfläche** mit zahlreichen Kräutern und Gräsern, zum Teil auch bereits mit einem ersten nachwachsenden Vorwald.

Sie wandern weiter auf dem Hangweg und an einem Forsthaus vorbei durch Wald und Rodungen. An den alten Hutebuchen laufen Sie geradeaus aus dem Wald hinaus durch Magerwiesen mit Wacholderheide. An der nächsten Wegkreuzung gehen Sie geradeaus weiter (der Habichtswaldsteig führt links weiter) zurück zum Startpunkt an der **Bushaltestelle Alpenpfad**.

H3: Im Glanz des Herkules (Extratour Habichtswald)

12,3 km, 4 Std., ↑ 231 m, ↓ 231 m, ⇧ 402-624 m

0,0 km	⇧ 624 m	Hohes Gras
1,0 km	⇧ 581 m	Essigberg P
4,5 km	⇧ 498 m	Kaiserbuche
5,3 km	⇧ 436 m	Höllchen
5,6 km	⇧ 402 m	Wassertretbecken
7,3 km	⇧ 487 m	Märchenrastplatz am Silbersee
10,4 km	⇧ 559 m	Loipenhaus
11,4 km	⇧ 576 m	Wanderparkplatz Roter Stollen
12,3 km	⇧ 624 m	Hohes Gras

P Wanderparkplätze Hohes Gras, Essigberg, Horstweg und Roter Stollen

Bus 22 „Kassel, Hohes Gras" (km 0,4), „Essigberg" (km 0,7), „Dörnberg Mitte (1 km bei km 5,6), „Loipenhaus" (200 m bei km 10,5)

Keine andere Wanderung in diesem Buch liegt höher: Sie starten auf dem höchsten Gipfel des Habichtswaldes und bleiben auf der Hochfläche, die nie unter 400 m abfällt. Dabei laufen Sie durch dichten Buchenwald, offene Huteflächen, streng angelegte Kastanienalleen, über bunte Waldwiesen und Magerweiden mit grasenden Galloways. Das Höllchen und der Silbersee, zwei idyllische Seen, runden die Tour ab.

Laufen Sie zu Beginn dieser Wanderung vom Turm zum Ende des P **Wanderparkplatzes Hohes Gras**. Dort folgen Sie hinter dem Eingang zum Kletterwald dem nach rechts führenden Pfad. Er kreuzt einen Grasweg und endet an der Bushaltestelle „Hohes Gras" mit Unterstand.

Dort nehmen Sie den Pfad nach rechts durch den Niederwald. Er ist ziemlich matschig, über die schlimmsten Stellen führen Holzstege. An einer Schutzhütte erreichen Sie die **L3298** und überqueren Sie um 15 m nach rechts versetzt.

An der Holzschranke wandern Sie nach links auf dem Waldweg durch den Hochwald, bis Sie an einen Teerweg kommen. Links von Ihnen erkennen Sie den P **Wanderparkplatz Essigberg ❶**. Dort befindet sich eine weitere Schutzhütte. Der Rodelhang daneben ist im Winter ein beliebtes Naherholungsziel.

Der Weg führt (um wenige Meter nach links versetzt) geradeaus weiter und beschreibt einen weiten Rechtsbogen um den **Essigberg**. Seine genaue Höhe ist umstritten, zur Verwirrung trägt außerdem der Umstand bei, dass in seiner Nähe auf den meisten Karten auch Höhenlinien für 600, 610 und 620 m angezeigt werden.

Der Forstweg führt aus dem Wald hinaus und wird zur Kastanienallee. Etwa 100 m hinter dem Waldrand biegen Sie nach links ab, nach 40 m gehen Sie an der Gabelung erneut nach links. An der nächsten Gabelung gehen Sie auf dem rechten Weg zu einer Sitzbank, dort folgen Sie dem geradeaus weiterführenden Forstweg bergab. Am Rettungspunkt KS-596 kommen Sie an einen Teerweg, diesen kreuzen Sie und gehen noch etwa 5 m weiter geradeaus, dann – noch vor der nächsten **Kastanienallee** – biegen Sie nach links ab.

Auf dem Grasweg wandern Sie durch alte Hutelandschaft und treffen wieder auf den Teerweg. Nun folgen Sie ihm nach rechts und gehen nach 50 m rechts auf dem Schotterweg bis zu einer Gabelung. Folgen Sie dem linken Weg (Richtung Dörnberg), dabei gehen Sie an der riesigen Buche geradeaus, ebenso am **Naturdenkmal Kaiserbuche ❷**.

Das Wassertretbecken Höllchen bei Dörnberg

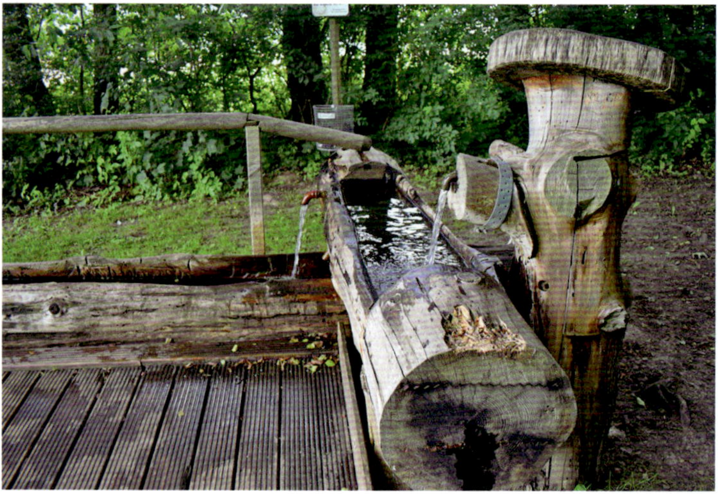

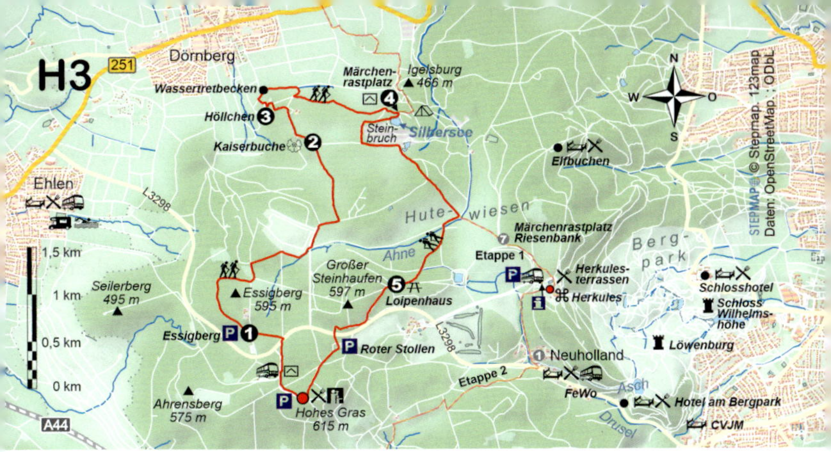

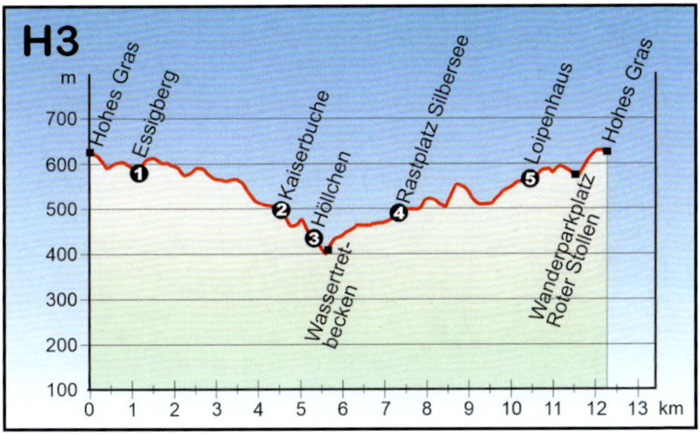

An der T-Kreuzung laufen Sie nach rechts und erreichen nach etwa 300 m eine Wegkreuzung. Nehmen Sie hier den nach links führenden Pfad durch den Wald. An der Gabelung gehen Sie nach rechts bis zu einer Lichtung mit drei Bänken und einer Feuerstelle. Dort führt der H3 nach links zu einem kleinen See namens **Höllchen ❸**. Dahinter führt er scharf rechts und an der nächsten Wegkreuzung links bergab auf der Wiese zu einem Teerweg.

Folgen Sie diesem nach rechts bis zum **Wassertretbecken Höllchen**. Geradeaus geht es hier in das Dorf Dörnberg, der H3 führt nach rechts am Rettungspunkt KS-569 entlang. Es geht bergauf, zunächst auf dem Teerweg und mit Aussichten auf den Dörnberg und das gleichnamige Dorf.

An der Gabelung bleiben Sie auf dem nach rechts weiterführenden Teerweg. Bevor er in den Wald führt, biegen Sie links in den Wirtschaftsweg (Richtung Igelsburg) ein. Nach etwa 1 km gehen Sie nach rechts, das ist etwa auf Höhe des gelben Einzelhauses. Aber schon nach 5 m nehmen Sie an der Gabelung den linken Weg (Richtung Herkules/Silbersee). Nach dem Aufstieg befindet sich links im Wald eine ⌂ Schutzhütte, der H3 führt halb rechts weiter zum ⛩ **Märchenrastplatz am Silbersee** ⛺ ⌂ ❹. Hier treffen Sie auf den Habichtswaldsteig.

Biegen Sie rechts ab und genießen Sie einige Momente am **Silbersee**, bevor es rechts davon bergauf geht. An der Sitzbank gehen Sie nach rechts, der Weg entfernt sich vom See. An der T-Kreuzung wandern Sie auf dem Forstweg nach links und danach immer geradeaus am Zaun eines Steinbruchs entlang. Der Weg macht einen Rechtsbogen und führt vom Steinbruch weg zu einer Gabelung. Hier folgen Sie dem Pfad nach rechts bergauf und kreuzen kurz darauf einen Forstweg.

Durch ein Tor betreten Sie eine Huteweide und durchwandern sie. Hinter dem zweiten Tor verlassen Sie den Habichtswaldsteig und folgen dem nach rechts führenden Schotterweg (auch Kastanienallee genannt) an einem alten Picknicktisch entlang.

Basaltsäulen am Silbersee

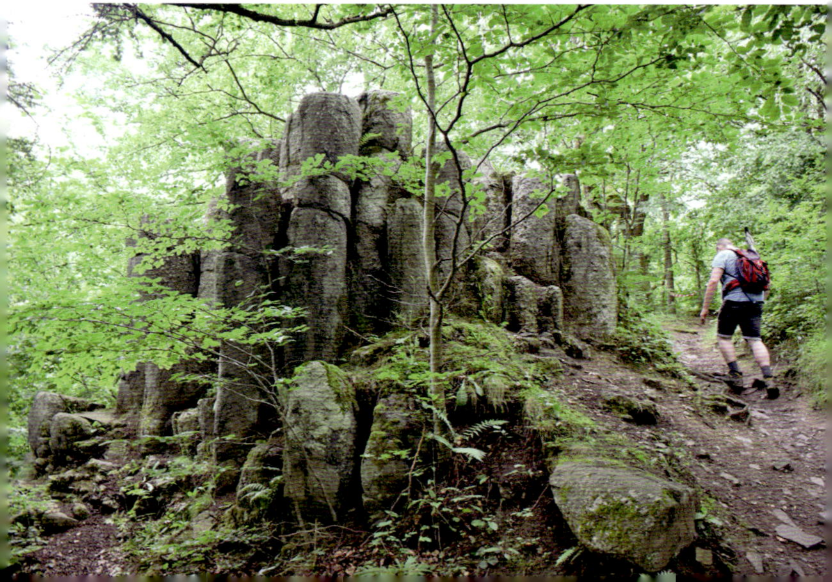

Nach etwa 200 m gehen Sie nach links auf einem Forstweg weiter und überqueren die **Ahne**.

Nun geht es für etwa 200 m bergauf, an einer Gabelung nach rechts und weiter bergauf. Lassen Sie sich von den vielen Rückegassen nicht irritieren und bleiben Sie auf dem geschotterten Forstweg, bis Sie das **Loipenhaus** ⛼ ❺ erreichen.

Dort gehen Sie an der Kreuzung geradeaus und kommen nach 10 m an eine Gabelung. Hier nehmen Sie den linken Weg und gehen an der nächsten Gabelung noch einmal nach links. (Geradeaus geht es zu einem Berg namens Großer Steinhaufen, 597 m.) An der T-Kreuzung nehmen Sie den nach rechts führenden Weg und laufen parallel zur Ehlener Straße (L3298). Von rechts kommt ein Weg vom Großen Steinhaufen hinab, Sie gehen weiter geradeaus und folgen dem Weg durch eine Linkskurve zur **L3298**.

Sie überqueren die Straße und gehen neben einem Geländer bergab in den dichten Wald. Der Boden ist von Wurzeln durchzogen, die hoffentlich jetzt am Ende der Wanderung nicht zu Stolperfallen für Ihre müden Beine werden. Am **P** **Wanderparkplatz Roter Stollen** nehmen Sie neben dem ⛼ Picknicktisch den Pfad, der den Parkplatz nach rechts verlässt und am Rand einer Rodungsfläche bergauf führt.

Oben an der Wegkreuzung folgen Sie dem Schotterweg halb links bergauf in den Wald. Auf den letzten 500 m Ihrer Wanderung bieten einige Waldquiz-Tafeln einen schönen Abschluss, bevor Sie den Berggipfel Hohes Gras (614,8 m) mit seinem Aussichtsturm, seiner ✕ ☕ Waldgaststätte und der ⊙ Mittelgebirgsstürmer-Stempelstelle erreichen. Wer jetzt noch Kraft und Kondition hat, kann zwischen einem Aufstieg auf den Aussichtsturm und einem Besuch im Kletterwald wählen.

✕ ☕ Waldgaststätte Hohes Gras, Hohes Gras 3a, 34131 Kassel, ☎ 05 61/321 66, 💻 www.waldgaststätte-hohes-gras.de, ➲ am Weg, Di bis So, Fei 11:00 bis 18:00, mit Biergarten

Der Aussichtsturm Hohes Gras wurde von 1888 bis 1890 gebaut, die Spendengelder kamen durch den Verkauf von Postkarten mit dem treffenden Namen „Bausteinen" herein. Die Aussichtsplattform befindet sich in 27,7 m Höhe, wie die Waldgaststätte

☺ Kletterwald Kassel, 💻 www.kletterwald-kassel.de, acht Parcours mit mehr als 90 Elementen in 3-15 m Höhe, dazu bis zu 70 m lange Seilrutschen

H4: Auf dem Throne der Landschaft (Extratour Schauenburg)

16,9 km, 5 Std. 30 Min., 369 m, 369 m, 325-486 m

0,0 km	379 m	Freizeitanlage Martinsweiher P
1,9 km	358 m	Naturschutzfläche Warmeteich
4,1 km	475 m	Großer Schönberg
6,3 km	486 m	Schauenburg
6,9 km	414 m	Hoof, Gasthaus & Hotel Himmel P
9,3 km	393 m	Breitenbach, Wanderparkplatz Langenberger Hute P
12,5 km	337 m	Wanderparkplatz Steinbrüche P
14,1 km	347 m	Hubertushütte
16,5 km	399 m	Martinstein
16,9 km	379 m	Freizeitanlage Martinsweiher P

P Schauenburg-Martinhagen, Freizeitanlage Martinsweiher (Industriestraße, Ecke Kirchstraße), weitere Parkmöglichkeiten in Hoof, Breitenbach und Martinhagen, Wanderparkplätze: Bahnhof Hoof, Langenberger Hute und Steinbrüche

Bus 52, 53 „Schauenburg-Hoof, Bahnhof" (km 7,1), Bus 52, 53, 153 „Schauenburg-Martinhagen, Sportplatz" (km 16,1)

Zwischen km 1,9 und km 3,1 besteht bei feuchtem Wetter um den Gefrierpunkt Verletzungsgefahr durch Eisfall von den Windenergieanlagen auf dem Lindenberg. Da ich Ihnen für diese 1,2 km keinen schönen Alternativweg nennen kann, sollten Sie bei nasskaltem Wetter besser eine andere Extratour wählen.

Abwechslungsreiche Landschaft begleitet Sie bei dieser Wanderung. Die Tour beginnt zwischen Wald und offener Kulturlandschaft, führt hinauf zu den steinigen Magerwiesen auf dem Schönberg und durch die alten Hutelandschaften bei Breitenbach. Bei klarem Wetter haben Sie eine gute Aussicht von der Ruine der Schauenburg. Kurz vor dem Ziel sollten Sie sich die Zeit für einen kleinen Abstecher zum Martinstein nehmen.

Die Rundtour beginnt an der Wandertafel am Ostufer des **Martinsweihers**. Sie folgen dem Weg direkt am Ufer und kommen an einer Infotafel für örtliche Fischer und an mehreren Sitzbänken vorbei. Der lustige gelbe Korb mit der Nummer „8" gehört übrigens zu einem Discgolf-Parcours.

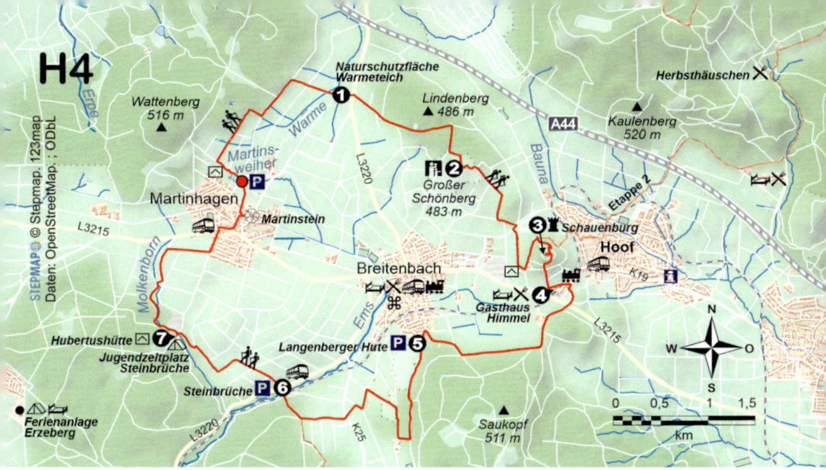

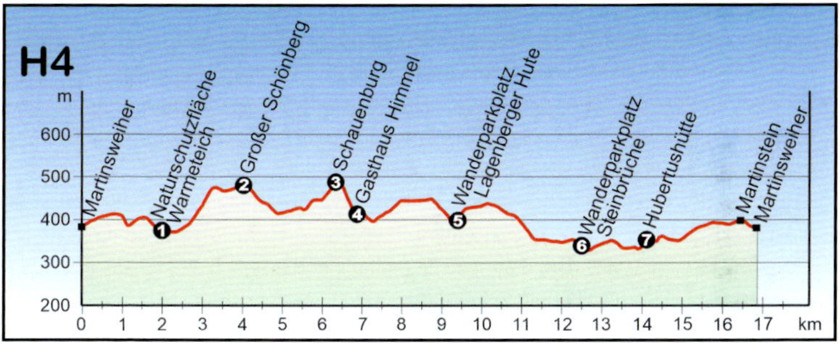

Sie bleiben auf der rechten Seite der Wiese und gehen vor dem Holzhaus nach rechts zur ⌂ ⊼ Schutz- und Grillhütte Martinhagen.

Hinter der Grillhütte folgen Sie dem nach links bergauf führenden Schotterweg, verlassen ihn aber schon nach knapp 50 m, um rechts auf dem Grasweg zu einem Waldstück zu laufen. Sie überqueren das Bächlein Warme, gehen am Waldrand des Naturwaldreservats Wattenberg entlang und erreichen eine **Waldecke**, an der Sie dem Weg nach rechts bergab bis zu einem Schotterweg folgen.

Hier biegen Sie nach links ab und laufen gut 500 m geradeaus, dabei ignorieren Sie einen von links kommenden Weg. Sie biegen nach rechts ab und laufen auf die Windräder zu. Es geht geradeaus bergab, über die **Warme** und durch die Naturschutzfläche Warmeteich ❶ zur L3220. Nachdem Sie die Landstraße überquert haben, wandern Sie halb rechts den breiten Schotterweg hinauf.

☝ Hier warnen Schilder vor Eisabwurf „bei entsprechendem Wetter" und verbieten den Durchgang. Verraten wird leider weder, wann das Wetter „entsprechend" ist, noch, auf welcher Alternativroute der Wanderer seine Tour fortsetzen kann. Dazu sollten Sie wissen, dass hohe Luftfeuchtigkeit, Nebel oder Eisregen bei Temperaturen um den Gefrierpunkt und bei Minusgraden zu einer Eisbildung auf den Rotorblättern der **Windenergieanlagen** führen können. Beim Anlaufen oder Trudeln der Anlage können Eisstücke herunterfallen.

An dem großen Schotterplatz wandern Sie geradeaus am Waldrand fast bis zum Gipfel des **Lindenbergs** (486 m) hinauf. An der Zufahrt zu einem Windrad und auf der Anhöhe gehen Sie noch geradeaus, erst nachdem Sie gut 100 m bergab gelaufen sind, nehmen Sie an einer Wegkreuzung den Grasweg nach rechts.

Er führt bergauf zu einer Gabelung, hier gehen Sie nach links an einem Picknicktisch vorbei. Es geht steil bergauf, der schmale Pfad führt neben einer Rodung auf den **Großen Schönberg** (483 m) ❷. Von einer Rastbank können Sie die Aussicht auf die Schauenburger Ortsteile Breitenbach und Martinhagen genießen.

Im Sommer von Schmetterlingen begleitet wandern Sie bergab und gehen hinter einer Schranke zwischen Feldern geradeaus weiter. Sie kreuzen einen Teerweg und nehmen den Grasweg, der rechts von der Hecke und der Bank weiterführt. Am Ende der Hecke laufen Sie nach rechts bergab und nach einer Linkskurve an einer Rastbank geradeaus bis zu einem Teerweg, diesem folgen Sie nach rechts bergauf. Am Parkplatz der Kleingartenanlage geht es nach links. Sie erreichen eine riesige **Grill- und Schutzhütte** mit Picknicktischen.

Hinter der **Streuobstwiese** biegen Sie links ab und laufen bis zu ihrem oberen Ende. An der Gabelung nehmen Sie den linken Weg. Er endet im Wald an einer Tafel des Habichtswaldsteigs, hier folgen Sie dem Weg nach rechts bergauf. An der Gabelung gehen Sie nach links, an der T-Kreuzung nach rechts und nach 20 m wieder nach links.

Sie treffen auf der Anhöhe auf einen Graspfad, folgen Sie ihm nach links zu einer Gabelung. Dort geht der Habichtswaldsteig nach links weiter, aber Sie steigen zuerst rechts auf den Burgberg mit der **Schauenburg** ⊙ ❸.

Am Abzweig zur Schauenburg steigen Sie die Stufen hinab, wandern bergab und steigen nach etwa 200 m links eine Treppe hinab. Am Treppenfuß laufen Sie geradeaus bis zum **Wanderparkplatz Bahnhof Hoof**. Hier biegen Sie links ab, passieren das Gasthaus & Hotel **Himmel** ❹ (☞ S. 49) und den Bahnhof Schauenburg-Hoof der Museumsbahn. Sie überqueren die Bahnlinie und gehen geradeaus bis zum Elmshagener Weg (K19).

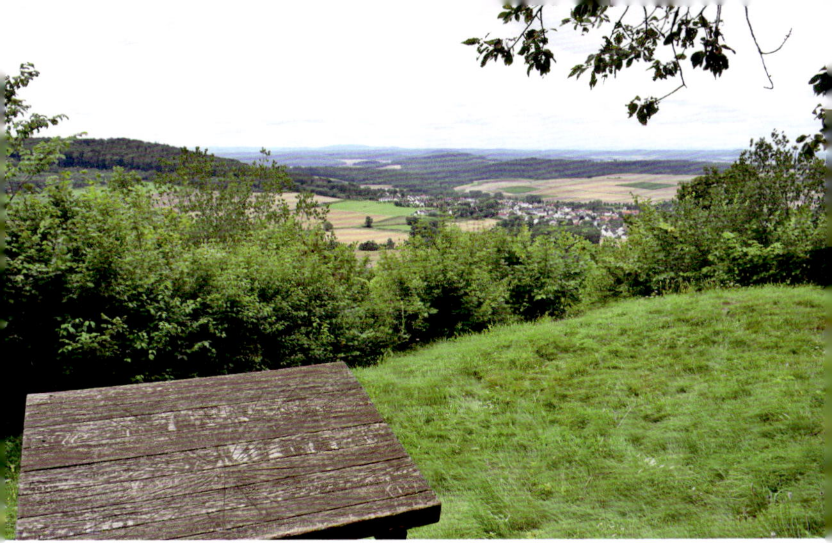

Panoramablick vom Burgberg der Schauenburg

Dort biegen Sie rechts ab zu den Bushaltestellen. (Bei Anreise mit öffentlichen Verkehrsmitteln ist dies Ihr Startpunkt.)

Hinter der Bushaltestelle gehen Sie links auf dem Elmshagener Weg unter der Straßenbrücke der L3215 hindurch und an der **Biogasanlage** halb links. Wo der Kasselsteig nach links führt, laufen Sie geradeaus weiter. Nach der Rechtskurve bleiben Sie geradeaus am Waldrand. Hier ergibt sich noch mal ein Ausblick auf die Ruine der Schauenburg. Sie wandern am Feldrand entlang und nehmen an der Kreuzung den nach rechts führenden Grasweg bergab zum Ortsrand von **Breitenbach**.

Dort laufen Sie links am Zaun einer Weide entlang zu einem kleinen **Wanderparkplatz ❺**, an dessen linker Seite geht es auf einem Schotterweg geradeaus in den Wald. Rechter Hand liegt jenseits des Waldes die Langenberger Hute mit ihren alten Hutebäumen. An der Gabelung bleiben Sie auf dem rechten Weg. Nach der Linkskurve gehen Sie an der Pfadkreuzung nach rechts.

An einem Grenzstein von 1719 wandern Sie nach rechts bergab zu einem Wendeplatz. Der Weg führt aus dem Wald hinaus und an einer Sitzbank nach links zwischen zwei Weiden bergab. Der Grasweg ist zuweilen matschig.

An einem Teerweg gehen Sie nach links zu einer Sitzbank und folgen dort nach rechts dem Feldweg, er macht an einem Strommast einen Linksbogen zur K25. Kreuzen Sie die Straße und folgen Sie dahinter dem Feldweg halb rechts bis zum **Waldrand**.

Hier verlassen Sie den Habichtswaldsteig und laufen nach rechts zum **P Wanderparkplatz Steinbrüche ❻**. Dort gehen Sie nach rechts und überqueren zunächst die Bahngleise, dann die Ems und schließlich die L3220 (🚌 „Steinbrüche“).

Auf der anderen Straßenseite folgen Sie dem geradeaus führenden Grasweg bergauf. Auch an den folgenden Abzweigen und Wegkreuzungen gehen Sie geradeaus weiter, bis Sie auf einen Teerweg treffen. Dort biegen Sie scharf links ab und gehen vor der (Weihnachts-)Baumschule nach rechts. Der Weg endet an einem Findling. Hier gehen Sie nach links über den Molkenborn und noch vor der **Hubertushütte ❼** nach rechts.

Nach etwa 200 m gehen Sie an der Gabelung nach rechts auf dem Grasweg am Bach entlang. Der Pfad knickt nach rechts ab, danach macht er einen weiten Linksbogen, der Sie zu einer Wiese bringt. An deren linkem Rand laufen Sie weiter bis zu einer hohen Eiche, dort nach rechts über die Wiese und über den Molkenborn, dann an der T-Kreuzung nach links. Hinter den kleinen Gartengrundstücken wandern Sie auf dem mit Gras bewachsenen Feldweg bis zum Ortsanfang von **Martinhagen**.

Dort gehen Sie nach links (Zum Hegeholz) bis zur **Korbacher Straße**, die Sie an der Fußgängerampel überqueren. Für etwa 150 m laufen Sie auf dem Gehweg neben der Korbacher Straße, dann biegen Sie hinter dem 🛒 Edeka links in die Kirchstraße ein. Sie kreuzen die Wattenbergstraße und die Rundstraße.

Dahinter wollen die Wegmarkierer Sie einfach weiter auf der Kirchstraße zum Martinsweiher laufen lassen. Weichen Sie vom markierten Weg ab! Sonst verpassen Sie das geologische Highlight dieser Wanderung, den **Martinstein**!

Um dorthin zu gelangen, gehen Sie nach rechts zur Kirche hinauf, genau gegenüber ist der Martinstein. Zurück zur Kirchstraße kommen Sie über einen zweiten Fußweg.

Ein mächtiger Phonolithkegel, also ein Kegel aus Basalt, namens Martinstein bildet die Ortsmitte von Martinhagen und ist das Wahrzeichen des Ortes.

✞ Der Kirchturm der evangelischen Kirche ist das älteste Gebäude im Ort. Der Kirchturm ist ein alter Wehrturm mit Pechnasen und Schießscharten.

Die Kirchstraße kreuzt im weiteren Verlauf die Obere Straße, bevor sie am Martinsweiher endet.

H5: Im Bann der Chatten (Extratour Niedenstein)

15,9 km, 5 Std., ↑ 318 m, ↓ 318 m, ⇧ 247-468 m

0,0 km	⇧ 343 m	Wanderparkplatz Altenburg
4,4 km	⇧ 405 m	Naturistensportbund
6,0 km	⇧ 405 m	Skihütte
6,3 km	⇧ 475 m	Hessenturm
7,1 km	⇧ 398 m	Wanderparkplatz Hessenturm
8,3 km	⇧ 323 m	Schutzhütte Wilhelmsruh
10,8 km	⇧ 249 m	Wiehoff-Brücke bei Wichdorf
15,9 km	⇧ 343 m	Wanderparkplatz Altenburg

P Parkmöglichkeiten in Niedenstein, Wanderparkplätze Altenburg und Hessenturm

Bus 54, 401 „Niedenstein, Brücke" (800 m bei km 0), „Niedenstein, Vor dem Neuhaus" (150 m bei km 7,5), Wichdorf Mitte (300 m bei km 10,8)

Der Name der Wanderung „Im Bann der Chatten" mag vielleicht etwas übertrieben wirken. Aber während Sie auf Waldpfaden durch den urigen Naturwald hinauf zum Hessenturm auf dem Niedensteiner Kopf wandern, können Sie vielleicht erahnen, wie es war, als hier noch die Chatten lebten, ihre Götter verehrten und an Waldgeister glaubten. Denn manch ein Baum scheint eine gruslige Grimasse oder ein freundliches Lachen zu zeigen.

Vom P Wanderparkplatz Altenburg gehen Sie zum Picknickplatz an der Wegkreuzung und folgen dort dem Schotterweg nach rechts den Berg hinauf. Nach etwa 120 m biegen Sie nach rechts ab. Der Waldweg führt zunächst eben, später bergab und endet nach einer Rechtskurve am Zufahrtsweg zum Wanderparkplatz. Noch davor wandern Sie nach links den Teerweg hinauf, er führt mit schönen Ausblicken am Waldrand zu einer uralten **Linde** und dahinter zu einem weiteren Teerweg.

Hier gehen Sie nach links zum Wald und dort nach einem Rechtsbogen auf einem breiten Grasweg nach rechts. Nach etwa 450 m laufen Sie an einer Wegkreuzung nach rechts bergab und stoßen nach weiteren 600 m auf die K85 ❶. Sie überqueren die Straße, gehen 10 m nach rechts und dann nach links am Feldrand zu einer **Wildruhezone** (Hunde bitte anleinen). Gehen Sie dort nach links und hinter der Hecke nach rechts.

Auf der Weide laufen Sie geradeaus bis zu einer T-Kreuzung. Folgen Sie dem Schotterweg nach rechts bergab. Er macht einen Bogen und führt wieder bergauf. An einem Abzweig gehen Sie geradeaus und wieder bergab. Sie kommen an eine T-Kreuzung und wandern nach rechts, dabei überqueren Sie einen Bach. An der nächsten Kreuzung biegen Sie links ab und folgen dem Teerweg um den **Sengelsberg** (449 m) herum. (↳ Geradeaus geht es ohne Teer über den Sengelsberg.)

Sie gehen an der nächsten Gabelung nach rechts und neben einer Weide bergauf. Hinter der Weide wandern Sie geradeaus in den Wald. Der lange Holzzaun auf der linken Seite gehört zum Gelände des **Naturistensportbundes Kassel ❷**. Dahinter befinden sich ein ⛺ Campingplatz und ein Schwimmteich.

Sie gehen geradeaus aus dem Wald hinaus und folgen an der Aussichtsbank dem Teerweg nach links bis zu einer Gabelung mit Bank, an der Sie rechts abbiegen und auf einem Schotterweg am Waldrand entlang wandern. An der Gabelung bleiben Sie rechts neben dem Zaun und laufen an einem **Holzhaus** entlang auf dem Grasweg weiter. Er führt durch ein Rodungsgebiet, in dem sich nach dem Kahlschlag schon viele Kräuter und junge Sträucher angesiedelt haben.

Panoramablick vom Hessenturm

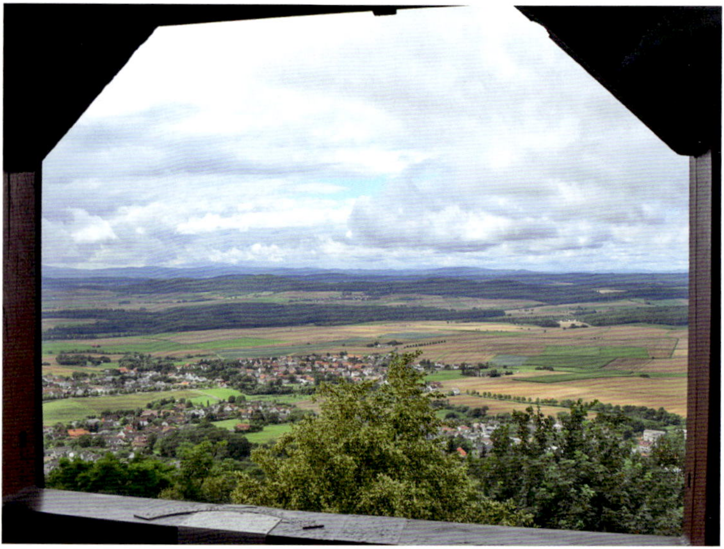

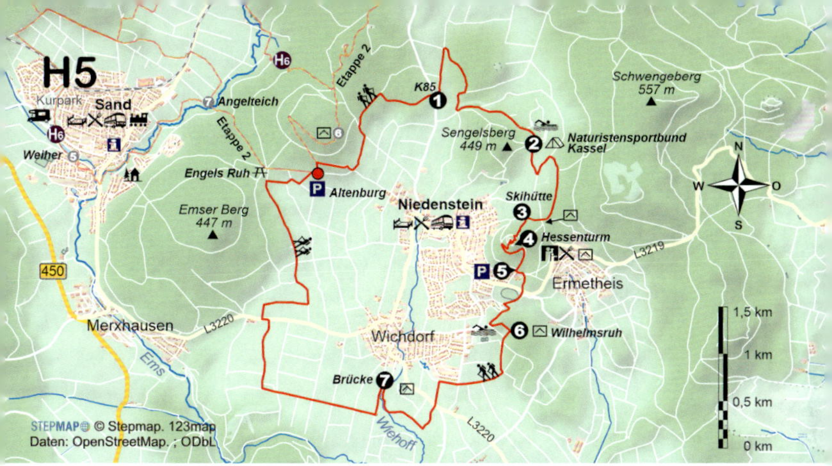

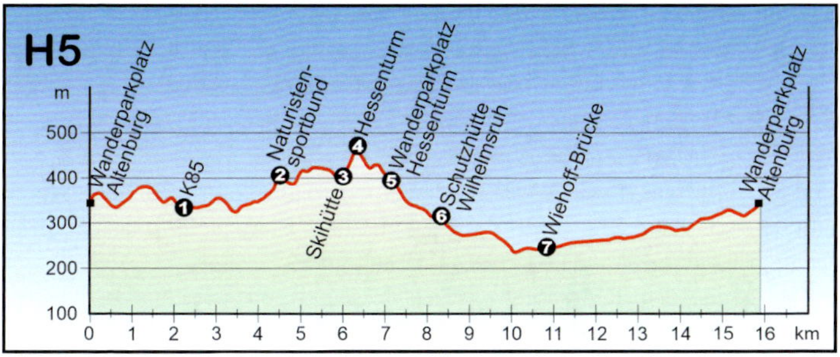

Am Rand des Buchenwaldes gehen Sie auf dem Forstweg nach rechts zu einer Kreuzung. Dort finden Sie links eine ⌂ Schutzhütte und rechts eine Sitzbank, der Weg geht geradeaus weiter. Nach etwa 250 m biegen Sie nach links ab und kommen zu einem Hang, der in den 1930er-Jahren der Landeauslauf einer Skisprunganlage war. Im Winter bauen die Mitglieder des Ski-Clubs Ermetheis hier ihren Skilift auf. Noch vor der **Skihütte ❸** steigen Sie links den Graspfad bergauf. Er ist im Sommer ziemlich zugewuchert, mit kurzen Wanderhosen könnte das zu unliebsamen Kontakten mit Brennnesseln führen. Oben wenden Sie sich an der T-Kreuzung nach rechts und treffen nach 20 m auf ein Infoschild zur Geschichte der Skisprunganlage. Hier folgen Sie dem scharf links bergauf führenden Weg. Hinter einer Rechtskurve steigen Sie die Treppe hinauf, gehen an der Gabelung nach rechts, steigen eine weitere Treppe hoch und erreichen das Gipfelplateau auf dem **Niedensteiner Kopf** (475 m) und den **Hessenturm ❹**.

Hier werden Sie sicherlich eine Pause einlegen wollen, um auf den Holzliegen die Aussicht oder an den Tischen Ihr Picknick genießen zu können. Vielleicht reicht die Kraft auch noch für einen Aufstieg zur Aussichtsplattform des Hessenturms. Lässt das Wetter eine Besteigung nicht zu, bietet Ihnen der Turm immerhin Witterungsschutz und eine Mittelgebirgsstürmer-Stempelstelle.

⌘ Hessenturm: Der hölzerne Aussichtsturm wurde 1931 auf dem Niedensteiner Kopf gebaut. Seit einer Renovierung im Jahr 1970 ist er 18 m hoch.

Wandergaststätte des Hessisch-Waldeckschen Gebirgs- und Heimatvereins, im Turmfuß des Hessenturms, Ostern bis Okt So, Fei Kaffee und Kuchen

Die Burg Nydensteyn wurde vermutlich von 1160-1164 gebaut und gehörte zur Verteidigungslinie der Brabanter gegen die Truppen des Mainzer Erzbischofs Gerhard I. von Dhaun. Dessen Nachfolger, Erzbischof Adolf I. von Nassau, gelang es im Jahr 1387, die Burg einzunehmen und schwer zu beschädigen. Nach weiteren Verwüstungen im Dreißigjährigen Krieg blieben nur noch wenige Reste der Burganlage erhalten.

Der Weg führt an den Aussichtsliegen nach links bergab zu einer Schranke und dort scharf links auf einem Waldweg bis zum Waldrand. Dort laufen Sie nach rechts bis zum P **Wanderparkplatz Hessenturm ❺**.

Sie folgen dem Rehwiesenweg nach links und gehen vor der Infotafel zum Märchen vom König Drosselbart nach rechts in den Wald. Kreuzen Sie am Ende des Weges die **Kasseler Straße** (L3219) und laufen Sie über den großen Parkplatz geradeaus zu einem Waldweg, der Sie zur Friedensstraße bringt. Auf dem Gehweg laufen Sie nach rechts bergab bis zu einer Schulbushaltestelle und biegen dort in den Grasweg ein.

Er führt nach knapp 100 m rechts in den Wald. Im Tal folgen Sie dem Weg nach links durch den Buchenwald zu einer Gabelung und gehen rechts von der **Schutzhütte Wilhelmsruh ❻** bis zum Waldende. Sie biegen nach links ab und laufen auf dem Schotterweg am Waldrand entlang, bis Sie zu einer Gabelung kommen. Hier geht es nach rechts am Waldrand weiter zu einer T-Kreuzung. Dort gehen Sie nach rechts, an einer alten Stieleiche vorbei, immer geradeaus auf einem Teerweg zur Goethestraße. Überqueren Sie die Straße und gehen Sie geradeaus weiter bis zu einer Ruheliege, biegen links ab und gehen bergab bis zur Fritzlarer Straße (L3220). Auch diese überqueren Sie und wandern weiter geradeaus zum bewaldeten Tal der **Wiehoff**.

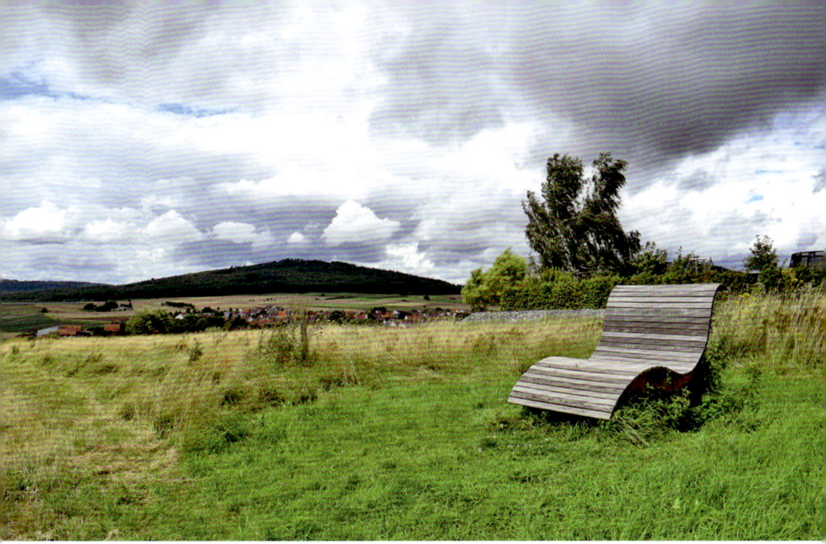

Eine Ruheliege im Wiehofftal, im Hintergrund die Altenburg

Der Weg macht einen Rechtsbogen und führt an einer Einmündung geradeaus auf die Wiehoff zu. Neben ihr laufen Sie in einem weiten Rechtsbogen zu einer **Brücke ❼**. Auf dieser überqueren Sie den Bach und biegen scharf links ab.

Nach etwa 250 m gehen Sie nach rechts und laufen etwa 1,2 km geradeaus. Dann biegen Sie nach rechts ab und laufen an einer Wegeinmündung geradeaus auf den Emser Berg (447 m) zu. Der Wirtschaftsweg endet an der **L3220**.

Folgen Sie ihr für etwa 50 m nach links, dann geht es nach rechts zwischen Äckern bergauf. An einem einzelnen Busch biegen Sie nach rechts ab und gehen bis zu einer T-Kreuzung. Dort gehen Sie nach links und halten an der Gabelung auf die Waldlücke zwischen Emser Berg und Altenburg zu. An dem ⛩ **Picknicktisch** wandern Sie geradeaus weiter zwischen den Äckern, später am Waldrand, bergauf.

Zwischen den Pferdekoppeln führt die markierte Extratour H5 nach rechts noch einmal bergab und an drei Gabelungen links, rechts und wieder links zum Habichtswaldsteig. (⇨ Sie können aber auch ohne weiteren Ab- und Aufstieg einfach geradeaus zum Rastplatz Engels Ruh gehen und dort dem Habichtswaldsteig nach rechts folgen.)

An dem Brunnen **Forstgartenborn** treffen beide Alternativen wieder zusammen und Sie können schon den Rastplatz am 🅿 Wanderparkplatz Altenburg sehen, wo dieser Rundweg endet.

H6: Im Tal der Quellen (Extratour Bad Emstal)

13,1 km, 4 Std., ↑ 261 m, ↓ 261 m, ⇧ 256-443 m

0,0 km	⇧ 310 m	Bad Emstal-Sand, Parkhotel Emstaler Höhe
2,2 km	⇧ 339 m	Wanderparkplatz Erzeberg P
4,3 km	⇧ 302 m	Wehr/Emsfall
6,7 km	⇧ 418 m	Schutzhütte Altenburg
8,1 km	⇧ 343 m	Wanderparkplatz Altenburg P
8,7 km	⇧ 353 m	Engels Ruh
12,0 km	⇧ 267 m	Fischbach (Weiher)
13,1 km	⇧ 310 m	Bad Emstal-Sand, Parkhotel Emstaler Höhe

P Parkmöglichkeiten in Bad Emstal-Sand, Wanderparkplätze Erzeberg und Altenburg

Bus 151, 155, 157, 159 "Bad Emstal-Sand, Thermalbad" (km 12,4)

Bei dieser Wanderung rund um den Kurort Bad Emstal wandern Sie durch sattgrüne Auenlandschaft, helle Kulturlandschaft und dunklen Wald. Sie sind nie weit von der Ems mit all ihren kleinen Quellen und Zuläufen entfernt. Am Ende der Wanderung können Sie sich im Kurpark an der Mineralquelle erfrischen und durch die Gärten mit Heilkräutern und Rosen flanieren.

An der Infotafel gegenüber vom Hotel Emstaler Höhe (☞ S. 82) betreten Sie den **Kurpark** und folgen dem Weg nach links. Im Rosengarten gehen Sie nach rechts an einer Metallstatue vorbei und unter einer Eisenbahnbrücke hindurch. Sie biegen direkt dahinter nach links ab und folgen dem Grasweg neben der Bahnlinie. Am **Bahnhaltepunkt Bad Emstal Sand Kurpark** kreuzen Sie einen Teerweg und wandern weiter geradeaus bis zum Waldrand, dort rechts bergauf bis zu einer Wegkreuzung, an der Sie auf den Habichtswaldsteig stoßen.

Hier laufen Sie geradeaus weiter bis zum nächsten Waldrand, wo Sie dem Schotterweg nach rechts folgen und dabei gleichzeitig weite Blicke in das fruchtbare Ackerland und hinüber nach Bad Emstal-Sand werfen können. Sie bleiben unterhalb des Erzebergs (437 m).

Ein Picknicktisch lädt zu einer ersten kleinen Pause ein. Am P **Wanderparkplatz Erzeberg ❶** biegen Sie noch vor den Picknicktischen nach links ab und wandern auf einem Schotterweg an einer (Weihnachts-)Baumschule entlang bis zu einer Feldscheune in Fachwerkbauweise.

Biegen Sie rechts ab und folgen Sie nach etwa 150 m dem Grasweg nach links bis kurz vor den Waldrand. An dem **Hochsitz** laufen Sie rechts zwischen den Feldern bergab. Vor Ihnen eröffnet sich ein Blick (von links nach rechts) auf den Falkenstein (462 m), die Altenburg (451 m) und den Emserberg (447 m).

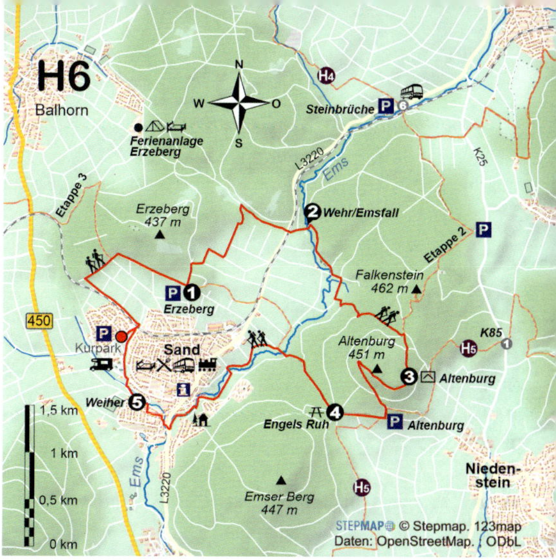

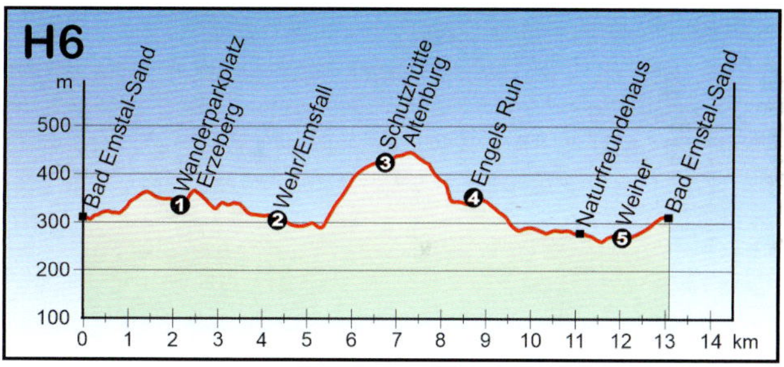

Nach 200 m wandern Sie nach links in den Wald, dort nach rechts und vor einem Hochsitz links noch tiefer in den Wald. Dieser Pfad ist im Sommer ziemlich stark bewachsen und schlecht erkennbar. Er endet an einem Forstweg, diesem folgen Sie nach rechts bis zur **L3220**.

Hier am Rettungspunkt KS-595 überqueren Sie zunächst die Straße, dann die Gleise der Museumsbahn. Am Ende der Weide gehen Sie weiter geradeaus und überqueren die **Ems**. Am Wehr (auch Emsfall genannt) ❷ biegen Sie rechts ab. Sie passieren einige Teiche und einen Reitstall.

An der nächsten Gabelung gehen Sie nach rechts aus dem Wald hinaus und an der **Brücke** nach links bergauf. Wieder zurück im Wald biegen Sie an der Wegkreuzung nach rechts ab und verlassen erneut den Wald.

Zwischen Weiden wandern Sie nun bis zu einer einzelnen Eiche und dort nach links bergauf zurück in den Wald. Der Weg biegt nach rechts ab und trifft auf einen Forstweg. Diesem folgen Sie nach links bergauf, bis er eine Rechtskurve macht. Hier verlassen Sie ihn und gehen nach links bergauf. Auf der Anhöhe treffen Sie an einer Kreuzung wieder auf den **Habichtswaldsteig**, er führt gemeinsam mit dem H6 (noch vor dem Forstweg!) nach rechts.

Der Pfad führt durch dichten Wald und ist zuweilen ziemlich matschig. Er endet an einem Forstweg, dem Sie nach rechts folgen. Nach 10 m gehen Sie an einer Gabelung nach links bergauf und kommen zu einer Infotafel, auf der Sie über die Wälle und Tore der Altenburg informiert werden. Halten Sie sich an der Infotafel links, es geht kurz bergab und dann bergauf zur ⌂ **Schutzhütte Altenburg ❸**.

Sie passieren ein Wasserbecken, das zur Altenburg gehörte und bei Ausgrabungen in den Jahren 1905-1913 freigelegt wurde. Nun wandern Sie auf dem Plateau der **Altenburg** (451 m) wo schon jungsteinzeitliche und eisenzeitliche Besiedlungen nachweisbar sind.

Aussichtsbank auf der Altenburg

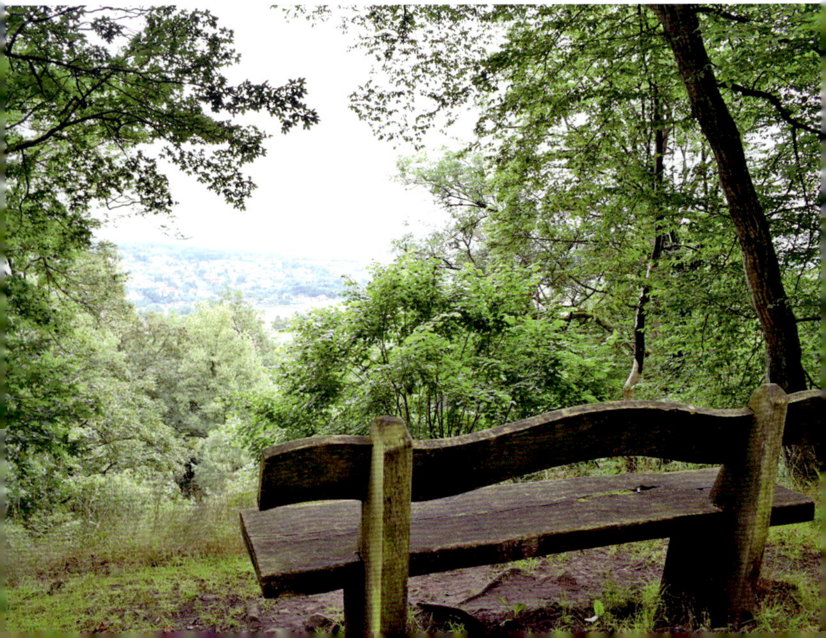

Wandern Sie bergab zu einer T-Kreuzung und dort scharf links (Richtung Wanderparkplatz Altenburg). Eine Infotafel weist darauf hin, dass an diesem Hang über 220 eiserne Gegenstände aus vorchristlicher Zeit entdeckt wurden. Der Weg heißt auf diesem Abschnitt **Goldpfad**, weil ein weiterer Massenfund aus dem 16. Jahrhundert neben Waffenteilen auch Goldmünzen umfasste.

An einem Abzweig laufen Sie geradeaus weiter. Hinter dem Zugang zu einer Waldquelle kommt von links noch die Extratour H5 (☞ Seite 99) hinzu. Sie gehen weiter geradeaus und erreichen den **P Wanderparkplatz Altenburg** ⛼.

Der Brunnen Forstgartenborn am Wanderparkplatz Altenburg

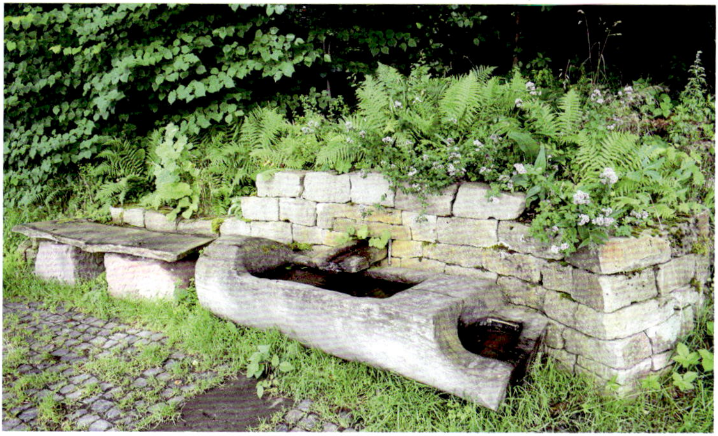

Sie gehen an dem ⛼ Picknickplatz nach rechts und treffen auf eine Sitzbank mit einem Brunnen, der aus der Waldquelle gespeist wird, die Sie eben passiert haben. Hier führt der H5 nach links, Sie bleiben auf dem breiten Schotterweg, der geradeaus zur Wegkreuzung **Engels Ruh ❹** führt.

An der Engels Ruh gehen Sie halb rechts weiter auf einem Schotterweg, er führt bergab. Nach einer Rechtskurve nehmen Sie an der Gabelung den nach links führenden Weg. Hinter dem **Fischteich Am Pfaffenholz** überqueren Sie die Ems und gehen halb rechts bergauf. An der nächsten Kreuzung trennen sich der Habichtswaldsteig und der H6. Sie wandern nach links über die Auenwiese bis zu einer Holzbrücke. Auf dieser überqueren Sie die Ems ein weiteres Mal. Am Ende des Weges gehen Sie auf dem Grasweg nach rechts.

Oberhalb eines **Skateparks** erreichen Sie die Feriendorfstraße, der Sie nach rechts bis zur Bergstraße folgen. Hier biegen Sie nach links ab.

Unterhalb des **Naturfreundehauses** gehen Sie nach rechts, überqueren die Ems und gehen dahinter nach links. Hier befand sich von 1928 bis 1945 das Sander Freibad. Auf dem Uferweg laufen Sie an einem ⌂ Unterstand vorbei. Hier stand früher die Lohgerberei Ickler. Hinter dem bunten Haus überqueren Sie die Ems ein letztes Mal.

Der H6 kreuzt die Kasseler Straße und führt in den Offenhäuser Weg. Nach 20 m wandern Sie rechts auf dem Fußweg weiter, an dessen Ende Sie an der Kastanie nach links über die Wiese laufen. Sie gehen etwa 25 m am **Fischbach** entlang und balancieren auf Trittsteinen zum anderen Ufer.

Im Kurpark von Bad Emstal

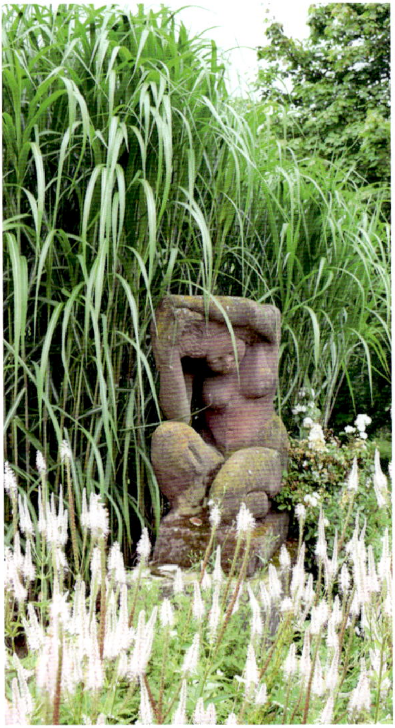

Der Pfad führt bergauf und endet an der Straße Auf der Höhe. Hier biegen Sie rechts ab und gehen vor dem letzten Haus links den Fußweg neben dem Altenwohnheim hinauf. Er endet am Tränkeweg, hier laufen Sie nach rechts bergab. Über mehrere Treppen erreichen Sie eine Straße (Am langen Garten), folgen Sie ihr nach links. An der Hausnummer 19 verlassen Sie die Straße und wandern auf dem Fußweg neben dem zu einem **Weiher** gestauten Fischbach ❺ entlang bis zu einer Holzbrücke.

Auf ihr überqueren Sie den Fischbach und gehen hinauf zur Wolfhager Straße. Überqueren Sie diese an der 🚌 Bushaltestelle Thermalbad und folgen Sie dem Teerweg geradeaus bergauf durch den **Kurpark** mit Teichen, Kinderspielplatz, Fitnesspfad, ⛩ Picknicktisch und WC. An der zentralen Kreuzung der Kurparkwege folgen Sie dem Weg nach links bergauf zum Startpunkt.

H7: Im Land der Riesen (Extratour Wolfhagen)

13,5 km, 4 Std., ↑ 198 m, ↓ 198 m, ⇧ 305-404 m

0,0 km	⇧ 328 m	Ippinghausen
1,3 km	⇧ 355 m	Zwickenberg
2,5 km	⇧ 322 m	Hugenottenrastplatz
3,9 km	⇧ 333 m	Wanderparkplatz Heller Platz
4,4 km	⇧ 352 m	Alte Riesen
5,0 km	⇧ 331 m	Stöcketeich, Breitzmanns Eck
6,6 km	⇧ 374 m	Alfringhäuser Born
9,3 km	⇧ 343 m	Abzweig zum Schloss Höhnscheid ( )
11,4 km	⇧ 336 m	Hasenmühle
12,3 km	⇧ 402 m	Wanderparkplatz Weidelsburg
12,7 km	⇧ 375 m	Märchenrastplatz Junger Riese
13,5 km	⇧ 328 m	Ippinghausen

P Parkmöglichkeiten in Ippinghausen und Leckringhausen, Wanderparkplätze Hasenmühle, Weidelsburg und Heller Platz.

Bf. Wolfhagen, Zugangsweg zum Hellen Platz (3,6 km bei km 3,8)

Bus 110 „Ippinghausen, Mitte“ (am Startpunkt), „Leckringhausen“ (250 m bei km 2,4)

Auf einsamen Pfaden wandern Sie durch schattige Buchenwälder, über sonnenüberflutete Lichtungen und an Waldrändern mit weiten Blicken in die Landschaft. Doch das Hauptthema dieser Wanderung ist der Rückblick in die Erd- und Kulturgeschichte: Auf Ihrer Wanderung durch die Zeit begegnen Ihnen alte Fachwerkhäuser, ein Hugenottendorf und ein Barockschloss. Der Weg führt zu den Alten Riesen, uralten Buchen und Eichen, und zu einem Sandsteinbruch, in dem sogar versteinerte Dinosaurierspuren gefunden wurden!

Am Märchenrastplatz Junger Riese

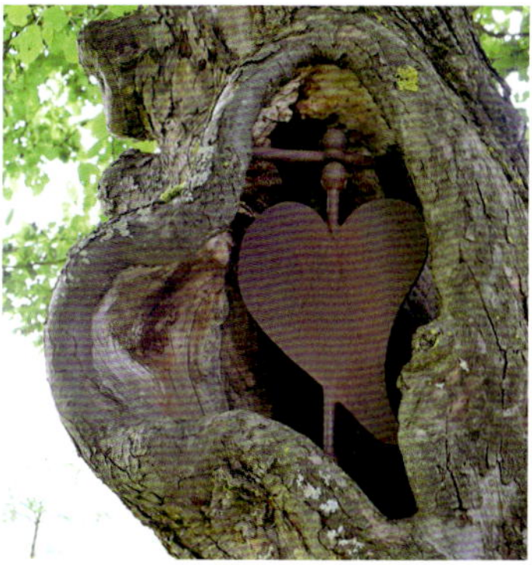

In **Ippinghausen** 🛏 ✕ ☕ ⛲ biegen Sie an der 🚌 Bushaltestelle „Ippinghausen, Mitte“ an der Korbacher Straße (B251) in die Straße Große Brücke ein. An der ehemaligen Bäckerei überqueren Sie den Mühlenbach (die Elbe fließt hier unterirdisch).

Vor dem Biergarten des 🛏 ✕ **Hotels Pfeifferling** (☞ S. 60) biegen Sie rechts in die Waldecker Straße ein und nehmen nach etwa 80 m die erste Straße nach links (Vor dem Busche). Darauf wandern Sie geradeaus am Sportplatz vorbei zum Waldrand und folgen im (!) Wald dem Pfad nach rechts.

Er mündet in einen Forstweg, hier laufen Sie geradeaus weiter. Auch an der Forstwegkreuzung gehen Sie weiter geradeaus. Der Weg führt bergab und nach rechts. Hier müssen Sie darauf achten, noch vor dem Feld dem Pfad nach links zu folgen. Sie bleiben also im Wald. Hinter einer Informationstafel zum Anwesen **Zum Zwickenberg** säumen hohe Buchen und Kiefern Ihren Weg. Auf dem Anwesen gab es früher eine Nutriazucht, heute lebt und arbeitet dort der Bogenbaumeister, der Langbogen nach mittelalterlicher Tradition herstellt.

Am nächsten Querweg führt der H7 um 5 m nach rechts versetzt am Waldrand weiter. Immer wieder ergeben sich schöne Ausblicke aus dem Wald hinaus. An einem namenlosen Bach gehen Sie nach rechts und schon nach etwa 5 m nach links über eine Wiese zum ⛼ **Hugenottenrastplatz ❶**, an dem Sie rechts einen Abstecher nach Leckringhausen 🛏 ✕ ✞ ⌘ 🚌 machen können.

✞ Die schlichte Saalkirche wurde zwischen 1768 und 1774 gebaut. Bis 1824 wurde der Gottesdienst in französischer Sprache gefeiert.

🚪 1. So im Monat 14:00 bis 17:00

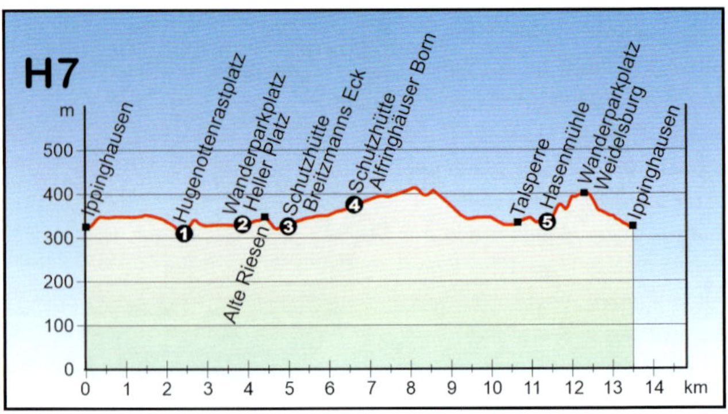

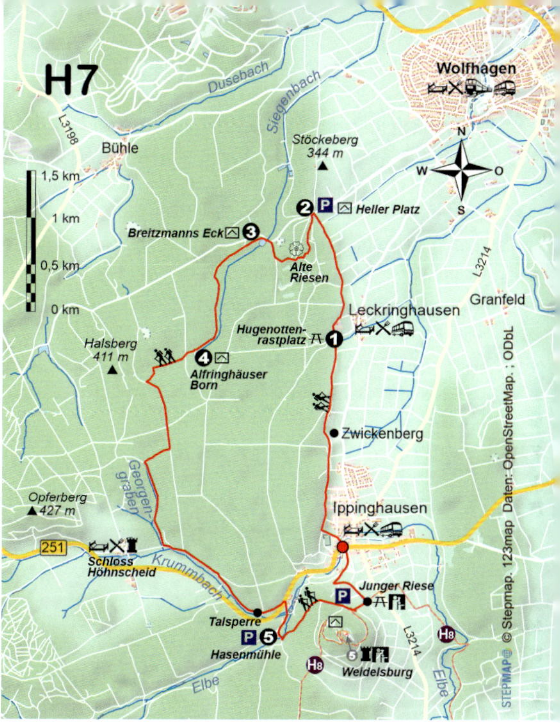

Hugenottendorf Leckringhausen

Bereits 1264 stand hier ein Meierhof des Klosters Arolsen, der im Dreißigjährigen Krieg (1618-1648) aufgegeben wurde. Der Landgraf Carl von Hessen-Kassel hatte Mitleid mit den französischen Glaubensflüchtlingen aus Südfrankreich und bot ihnen 1699 das verlassene Dorf an. Ganze 14 Hugenottenfamilien kamen und siedelten sich in Leckringhausen an. Sie durften in der Schule und in der Kirche weiter Französisch sprechen. Ihr Geld verdienten sie als Strumpfwirker, deshalb entdecken Sie bei genauerem Hinsehen auch einen Strumpfwirker in der Wetterfahne der Dorfkirche.

Hier gehen Sie geradeaus weiter. An der nächsten Gabelung geht es geradeaus ein zweites Mal nach Leckringhausen, der Rundweg H7 führt nach links am Waldrand weiter. Sie gehen immer geradeaus. Hinter einer Infotafel über Waldameisen ist kurzzeitig Wald auf beiden Seiten des Weges. Sie erreichen den P **Wanderparkplatz Heller Platz ❷**. Hier befinden sich außerdem eine Schutzhütte, ein Picknicktisch und der Rettungspunkt KS-524.

Laufen Sie nach links über den Platz und am dreieckigen Wanderportal des H7 links in den Wald. Nach etwa 40 m gehen Sie an der Gabelung nach rechts, auch an der nächsten Gabelung nehmen Sie den rechten Weg. Nach gut 200 m geht es wieder nach rechts. Der Weg wird um einen alten Biotopbaum umgeleitet und Sie kommen zu einer Infotafel, die über die Geschichte und Bedeutung der **Alten Riesen** als Biotopbäume aufklärt.

Der Wolfhager Stadtwald

Die Edelfrau Agnes von Bürgeln lebte im 17. Jahrhundert. Sie entstammte dem Geschlecht derer von Malsburg. Gemeinsam mit ihrem Bruder Georg tat sie viel Gutes für ihren Heimatort Wolfhagen. In der Grenzregion zwischen Waldeck und Wolfhagen pachtete sie vom Waldecker Grafen weite Ländereien und ließ sie bewirtschaften, um die Bevölkerung ernähren zu können. Einer Sage nach kündigte der Graf den Pachtvertrag auf und gewährte Agnes eine weitere Aussaat und Ernte. Als er im Herbst nachschaute, ob die Ernte schon eingebracht worden war, stellte er fest, dass sie Tausende von Eichen gepflanzt hatte. Er sah ein, dass weder Agnes noch er die Ernte erleben würden und schenkte ihr das Land.

Der Stöcketeich

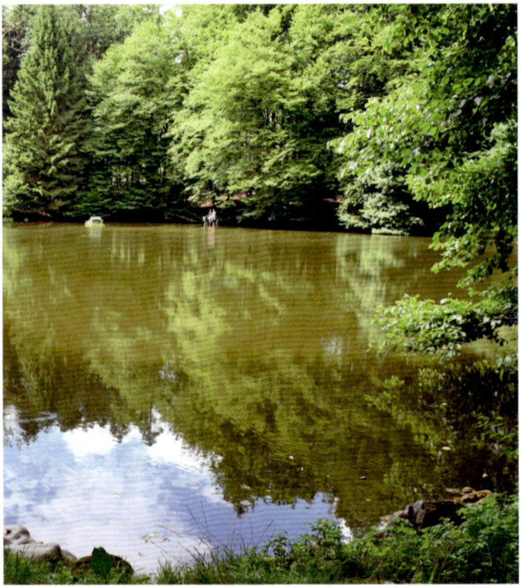

Kreuzen Sie den Teerweg und folgen Sie dem Graspfad, er führt bergab durch einen Kiefernwald zu einer Lichtung. Gehen Sie nach rechts zu einem weiteren Teerweg und dort nach links. Nach etwa 180 m gehen Sie nach links an einer Schranke vorbei zum **Stöcketeich**.

Sie gehen auf der rechten Seite des Teichs zur ⌂ **Schutzhütte Breitzmanns Eck ❸**. Dort nehmen Sie den mittleren Weg, also den links unterhalb der Hütte bergauf führenden Weg.

Sie treffen auf einen Forstweg, dem Sie halb links folgen. An einer Rodungsfläche gehen Sie an der Gabelung nach links. Der Weg führt durch Buchenhochwald parallel zum **Siegenbach**.

Sie passieren eine weitere ⌂ Schutzhütte am **Alfringhäuser Born ❹** (leider seit Jahren ohne Quellschüttung) und gehen dahinter an der T-Kreuzung nach links.

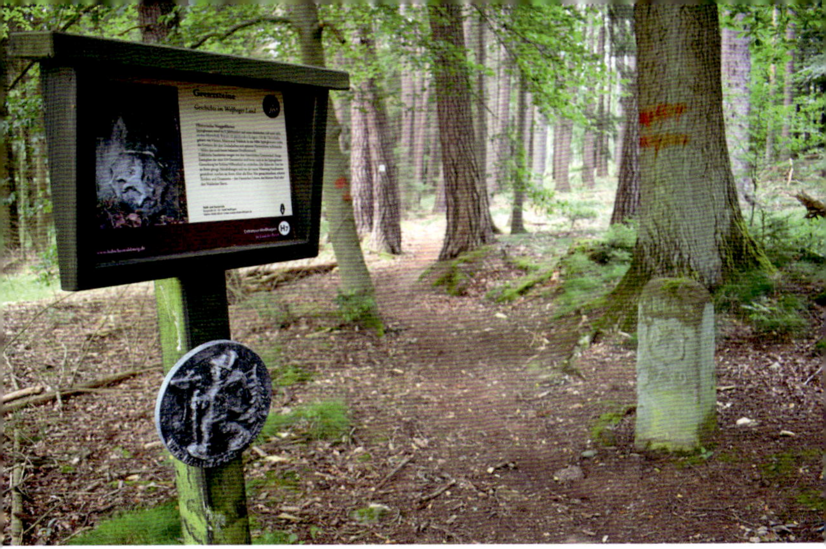

Grenzstein im Dreifürsteneck

Schon nach 40 m folgen Sie dem unscheinbaren Pfad nach rechts. Nach etwa 350 m macht er einen Linksbogen. An der nächsten Gabelung wandern Sie nach rechts durch den Niederwald zu einem Schotterweg. Dort biegen Sie links ab, an der nächsten Kreuzung geht es geradeaus weiter. Nach etwa 300 m laufen Sie nach rechts auf einem bergab führenden Grasweg zu einer Gabelung. Hier nehmen Sie den rechten Weg, er führt herrlich wurzelig bergab zu einem **Rodungsgebiet**.

Sie biegen nach links ab, bleiben immer etwas oberhalb des Georgengrabens. Es geht weiter bergab zu einer Dickung. Dort führt der Weg bergauf durch gesunderen Wald zu einem **Grenzstein** und einer Sitzbank. Würden Sie hier nach rechts gehen, kämen Sie zum Schloss Höhnscheid.

Der H7 führt nach links weiter, nun am Krummbach entlang. Nach etwa 200 m treffen Sie auf einen Frostweg. Folgen Sie ihm für etwa 400 m nach rechts, dann folgen Sie dem Pfad nach rechts bergab. Er führt über eine weitere Rodungsfläche, auf der schon viel neues Leben zu sehen ist. Rechter Hand entdecken Sie (möglicherweise nur mithilfe des Schildes) die **Ippinghäuser Talsperre**, die vermutlich die kleinste Talsperre ist, an der Sie jemals vorbei gewandert sind.

Der Weg führt oberhalb des Bachs zum Sägewerk an der B251. Kreuzen Sie die Bundesstraße und gehen Sie schräg rechts (Zum langen Rod) über einen Parkplatz. Dabei passieren Sie drei Teiche und überqueren den Krummbach.

Nach gut 100 m gehen Sie nach links an der Hasenmühle ❺ und dem 🅿 Wanderparkplatz **Hasenmühle** entlang und überqueren dahinter die Elbe. Nach etwa 30 m folgen Sie scharf links dem Schotterweg bergauf. Nach gut 800 m passieren Sie den 🅿 **Wanderparkplatz Weidelsburg** mit einem ⛼ Picknicktisch und einem überdachten Wanderportal.

Hier ist ein ↳ Abstecher zum **Tränkeborn** möglich, das ist der Burgbrunnen der Weidelsburg, ➲ 100 m.

☺ Wenn Sie keine Gelegenheit haben, den gesamten Habichtswaldsteig oder die Extratour H8 zu wandern, sollten Sie jetzt am zweiten Zugang zum Parkplatz zur **Weidelsburg** (492 m, ☞ Seite 62) aufsteigen. Sie werden mit einem großartigen Panoramablick belohnt. Folgen Sie dafür einfach den Markierungen mit dem Habichtskopf.

Start und Ziel ist das Dorfzentrum von Ippinghausen

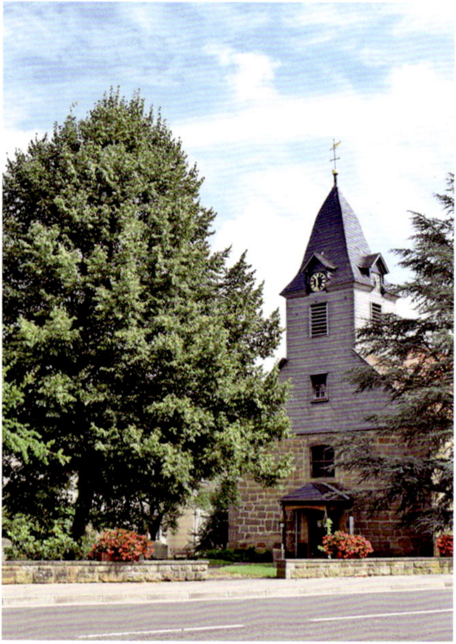

Auf dem H7 gehen Sie hinter den beiden Parkplatzzugängen noch geradeaus weiter und gehen die erste Möglichkeit links. Hier laufen Sie den Wiesenweg hinab zum **Märchenrastplatz Junger Riese**. Auf der Rastbank und auf der Baumelbank haben Sie eine prächtige Aussicht auf Ippinghausen und seine nördlichen Nachbardörfer.

Biegen Sie oberhalb der Bänke nach links ab und folgen Sie dem Wirtschaftsweg. Er kreuzt die Zufahrt zum Wanderparkplatz und führt in einem Rechtsbogen um einen Obstgarten. Hinter einer Einmündung wird der Weg zur Berghofstraße. Sie endet an der Korbacher Straße genauso wie diese Rundwanderung.

H8: Im Tal der zwei Burgen (Extratour Naumburg)

15,4 km, 5 Std., ↑ 331 m, ↓ 331 m, ⇧ 272-480 m

0,0 km	⇧ 330 m	Naumburg, Wanderparkplatz Burghain
1,4 km	⇧ 350 m	Gedenkstein für Forstamtmann Josef Grasse
3,8 km	⇧ 344 m	Café Hasenacker
7,0 km	⇧ 416 m	Steinbruch Katzenloch
7,7 km	⇧ 480 m	Weidelsburg
8,7 km	⇧ 375 m	Märchenrastplatz Junger Riese
11,4 km	⇧ 296 m	Infotafel Bielstein
12,3 km	⇧ 382 m	Weidelshof
12,9 km	⇧ 324 m	Weingartenkapelle
14,0 km	⇧ 274 m	Naumburg, Hotel Weinrich
15,4 km	⇧ 330 m	Wanderparkplatz Burghain

P Wanderparkplatz Burghain (Burgstraße, Naumburg), weitere Parkmöglichkeiten in Naumburg und Ippinghausen, weitere Wanderparkplätze: Hasenacker und Weidelsburg

Bus 55, 151, 153, 154, 156, 585, N53 „Naumburg, Bahnhof" (250 m bei km 14,1), Bus 110 „Ippinghausen, Mitte" (800 m bei km 8,9)

Diese landschaftlich reizvolle und abwechslungsreiche Extratour zwischen Naumburg und der Weidelsburg verläuft auf einer Länge von mehr als 12 km genau auf dem Habichtswaldsteig. Sie ist ideal für Sie, wenn Sie Rundwanderungen bevorzugen oder Ihnen die 3. Etappe des Habichtswaldsteigs zu lang geworden ist und Sie diese am Bielstein abkürzen wollen.

Gehen Sie vom P **Wanderparkplatz Burghain** zum Picknicktisch an der Habichtswald-Infotafel. Folgen Sie dem Grasweg nach rechts bergab zu einer Gabelung, dort gehen Sie nach links zwischen Feld und Wald bis zu einem Teerweg. Auf diesem laufen Sie nach links bergauf an Obstbäumen entlang. Wenn der Teerweg eine Linkskurve macht, gehen Sie geradeaus auf dem Schotterweg in den Wald.

An der nächsten Gabelung nehmen Sie den rechten Weg und verlassen ihn in einer Rechtskurve, denn hier gehen Sie geradeaus auf dem Grasweg weiter. Er macht am Waldrand eine Spitzkehre nach rechts und eine zweite nach links, dann knickt er nach rechts ab und verläuft am Waldrand.

Hier ergeben sich Ausblicke auf Naumburg. An der Rastbank gehen Sie nach links in den Wald. Es geht bergab und nach links aus dem Wald hinaus zum **Gedenkstein für den Forstamtmann Josef Grasse ❶**.

Auf der rechten Seite des Gedenksteins folgen Sie dem Schotterweg am Waldrand. Hinter dem letzten Baum laufen Sie auf der rechten Wegseite rechts an einer Bank entlang und wandern zunächst zwischen Äckern, dann an einem Waldstück entlang. Dahinter gehen Sie nach links bergab zur ⌂ **Schutzhütte Wintersgrund** ⛩.

An der Schutzhütte gehen Sie nach links und nach etwa 40 m geradeaus weiter bis zum Ende des Feldes. Dort wandern Sie auf dem nach rechts führenden Schotterweg bergauf und unter einer Stromleitung hindurch bis zu einem Teerweg. Folgen Sie diesem nach rechts zu einer Sitzbank und gehen Sie dort auf dem Pfad geradeaus in den Wald zu einem Forstweg. Dort biegen Sie nach rechts ab und an der nächsten T-Kreuzung nach links. Der Pfad führt am Waldrand entlang und durch eine Linkskurve, dann nach rechts bergab und über den **Rehmbach**.

Dahinter gehen Sie zu einem Wirtschaftsweg hinauf und folgen ihm nach rechts zu einer Gabelung. Hier gehen Sie nach links zum ☕ **Café Hasenacker** ⦿ **❷** (☞ Seite 63).

Auf der Höhe zwischen Wintersgrund und Hasenacker

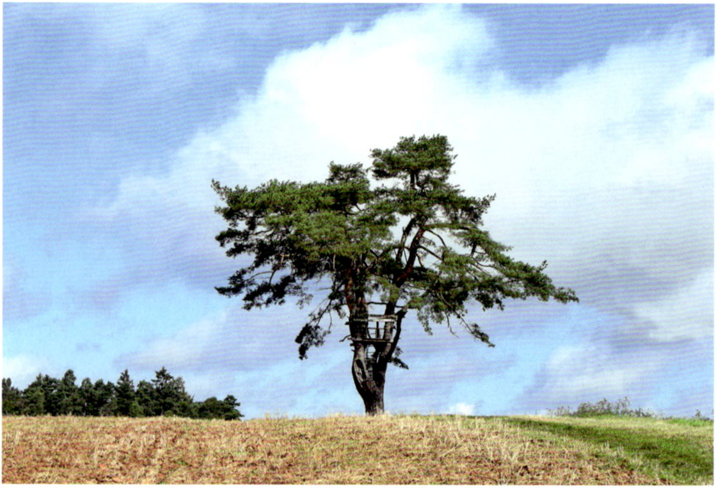

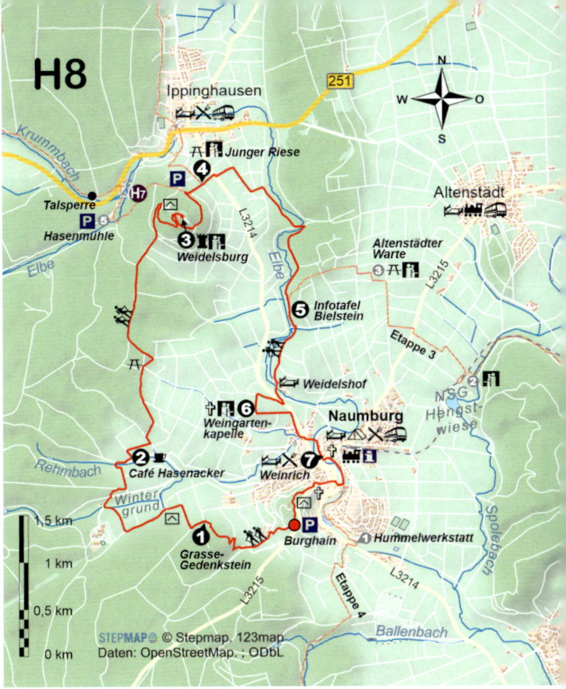

Auf dem P Parkplatz entdecken Sie eine Infotafel zum Habichtswaldsteig und gehen links davon auf dem Grasweg Richtung Wald. Schon nach 60 m biegen Sie rechts ab und laufen auf einem Grasweg zu einer T-Kreuzung, dort wandern Sie nach links zum Waldrand. An der Bank gehen Sie nach rechts und bergauf. Sie bleiben am Waldrand, gehen also vor dem Feld nach links bis zu einer Wegkreuzung mit Bank und ⊼ **Picknickplatz**. Dort laufen Sie halb rechts gut 300 m lang am Waldrand weiter. Sie durchwandern eine Rodungsfläche nach links und kommen zu einem Forstweg. Folgen Sie diesem nach rechts. Mehr als 1 km wandern Sie nun geradeaus, dann kommen Sie neben einer alten **Buche** an eine Gabelung, an der links der Weg zur Elbequelle ausgeschildert ist (➲ 3,8 km).

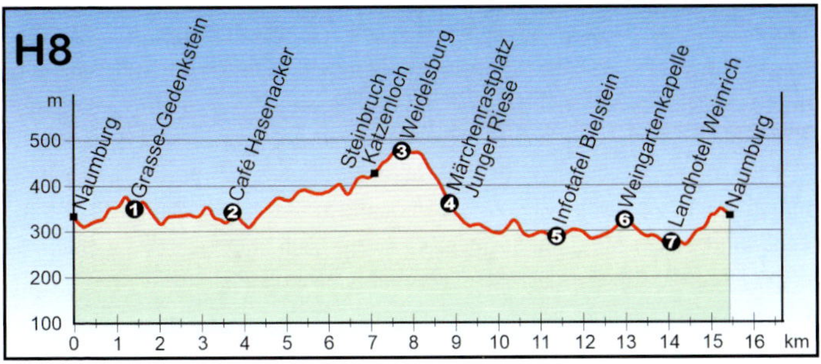

An dieser Gabelung folgen Sie den Markierungen des H8 und des Habichtswaldsteigs nach rechts bis zum Waldrand. Dort halten Sie sich links und überqueren eine große Wiese. Folgen Sie am Rand des nächsten Waldstücks dem Pfad geradeaus bergauf zu einer Gabelung, dort nehmen Sie den linken Weg. Er bringt Sie in den Wald. Sie kreuzen einen Schotterweg, der Pfad führt nun leicht bergauf zu einer T-Kreuzung, an der Sie dem Waldweg nach rechts folgen. Sie erreichen den stillgelegten **Steinbruch Katzenloch** mit einer ⌂ Schutzhütte und einer Feuerstelle.

Dort folgen Sie dem Schild mit der Aufschrift **Zick-Zack-Weg** zunächst geradeaus, dann tatsächlich im Zickzack bergauf zur Ruine eines vorgelagerten Verteidigungsturms. Hier biegen Sie nach links ab und besuchen die Ruine der ♜ **Weidelsburg** ⊙ ❸ (☞ Seite 62)

Der Fehlwurf

Eine lokale Sage berichtet von einem Besuch des Riesen Goliath in der Region, denn ihm war die Weidelsburg ein Dorn im Auge. Von Homburg an der Efze warf er einen riesigen Stein, um sie zu zerstören. Der Riesenstein rutschte ihm vom kleinen Finger ab und verfehlte das Ziel um einige Kilometer, denn er landete südöstlich von Naumburg auf dem Heiligenberg. Als er an die Elbe kam und sah, dass sein Ruf als Burgbezwinger ruiniert war, weinte er blutige Tränen. Er setzte sich auf den Riesenstein, vergaß zu essen und zu trinken und starb. Noch heute soll auf dem Riesenstein die Vertiefung zu sehen sein, wo der Riese gesessen haben soll. Vielleicht saß dort kein Riese, sondern der weinende Teufel, nachdem er voller Wut über den Bau der Naumburger Kirche einen Fels geschleudert und sein Ziel verfehlt hatte. So wird es auch erzählt ...

Wieder zurück am Verteidigungsturm gehen Sie geradeaus (in alter Laufrichtung rechts) bis zu einer Schranke und dahinter halb links weiter. Der Weg führt bergab. Etwa 800 m hinter dem Verteidigungsturm (noch vor der breiten Gabelung) gehen Sie scharf rechts aus dem Wald hinaus und nach etwa 50 m links zwischen den Feldern bergab zum **Märchenrastplatz Junger Riese** ❹.

Hier folgen Sie auf der rechten Seite der Bänke geradeaus dem Wiesenweg bergab zur **L3214**. Überqueren Sie die Landstraße, folgen Sie ihr für 25 m nach rechts und gehen Sie dann auf dem Grasweg nach links bergab zu einem Schotterweg. Auf diesem wandern Sie nach rechts bis zu einer Stromleitung, dort nehmen Sie den nach links führenden Grasweg.

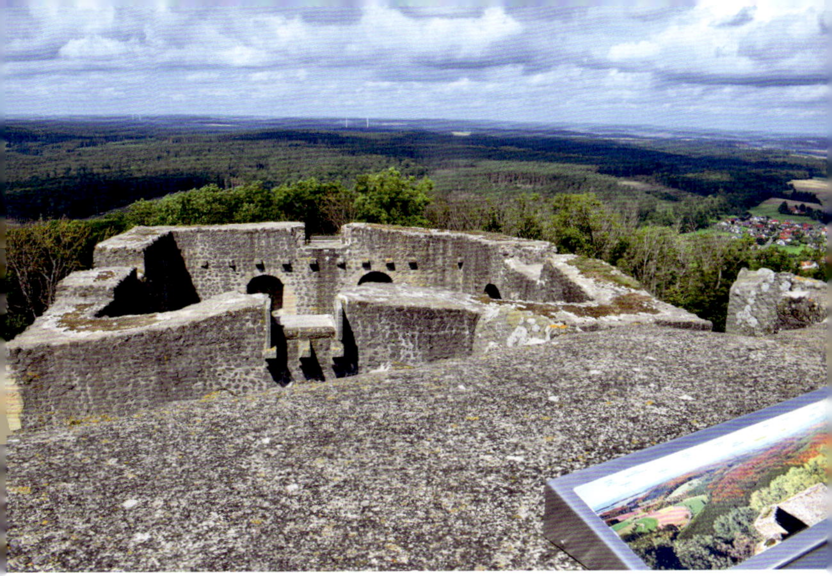

Aussicht von der Weidelsburg

Er endet an einem Wirtschaftsweg, diesem folgen Sie nach rechts durch das Elbetal und über die Elbe zu einer T-Kreuzung, dort biegen Sie links ab, überqueren die Elbe, wandern zu einer weiteren T-Kreuzung und nehmen dort den rechten Weg.

An der Infotafel zu dem Naturdenkmal Bielstein verlässt Sie der Habichtswaldsteig, er führt hier nach links bergauf. Sie folgen den Markierungen des H8 geradeaus weiter und passieren den **Bielstein ❺**. Der Sandstein im Mühlholz wird auch Bielstein genannt und entstand nach Ansicht der Geologen vor etwa 245 Mio. Jahren. Anderer Ansicht sind die Einheimischen, in deren Sagen dieser Stein von einem Riesen oder dem Teufel geworfen worden sein soll.

Auch an einem Steinbruch mit einer Holzhütte gehen Sie geradeaus weiter, dann laufen Sie nach links den Teerweg hinauf und nach 10 m nach rechts in ein kleines Waldstück. Dahinter laufen Sie auf dem Feldweg geradeaus. Etwas versteckt entdecken Sie in einer Baumgruppe ein Kruzifix mit Sitzbank. Hier gehen Sie an der Gabelung nach rechts bergab über den **Weidelshof** (☞ S. 64) und über die Elbe.

Sie laufen die Hofzufahrt hinauf, überqueren die L3214, gehen am Straßenrand etwa 20 m nach links und folgen dann dem Weg, der nach rechts in den

Wald und bergauf führt. Nach etwa 300 m folgen Sie dem Wegweiser, der nach links zur Weingartenkapelle weist. An der Parkplatzzufahrt gehen Sie noch geradeaus und kommen zur ✞ **Weingartenkapelle zu Naumburg ❻**, an der einige Rastbänke und Picknicktische für eine Pause bereitstehen.

✞ Eine erste Kapelle stand hier bereits vor 1760. Sie wurde baufällig und wurde durch eine zweite Kapelle ersetzt, die 1831 der Gottesmutter Maria geweiht wurde und seither eine beliebte Wallfahrtskapelle ist. Die aktuelle Kapelle wurde 1923 fertiggestellt. Es kann nicht mehr geklärt werden, ob der Name der Kapelle Rückschlüsse auf früheren Weinbau erlaubt oder auf das Weinen und Jammern der Bevölkerung zurückzuführen ist, die auf den Hügel geflüchtet war, als 1684 fast die ganze Stadt durch eine Feuersbrunst vernichtet wurde.

Gehen Sie bergab zu einer T-Kreuzung, dort nach links und weiter bergab. Der Weg macht einen Rechtsknick und führt nach Naumburg hinein, Sie kreuzen einen Teerweg (Dörmesgraben). Am Ende des Schotterwegs gehen Sie nach links (Am Schwimmbad) zur L3214, überqueren diese und folgen rechts vom Edeka dem Weg. Er führt neben dem Rehmbach zur Elbe. Auf einer Brücke überqueren Sie die Elbe und gehen auf dem Schotterweg nach rechts bis zum **Landhotel Weinrich ❼**.

Sie überqueren die Bahnhofstraße gehen nach links und biegen vor der **evangelischen Kirche** rechts in den Mühlenweg. Sie gehen geradeaus weiter, nun am Ufer der Elbe. Der Weg mündet in den Steinweg, dem Sie zu einer Brücke folgen. Hier kommt von vorn der Habichtswaldsteig, Sie folgen nun also wieder den gemeinsamen Markierungen des H8 und des Habichtswaldsteigs nach rechts über die Elbe.

Folgen Sie der Straße (Im Hain) nach rechts, nach 20 m steigen Sie auf der anderen Straßenseite den Fußweg hinauf zu einer zweiten Edeka-Filiale. Kreuzen Sie die Untere Straße und gehen die Burgstraße hinauf bis zur Kirche St. Crescentius. Der markierte Weg führt die Stufen hinauf, rechts um die Kirche herum und zurück zur Burgstraße.

Nach etwa 80 m steigen Sie rechts die Treppe zum Burgberg hinauf. Am Treppenkopf befindet sich links ein Aussichtspunkt mit Blick auf Naumburg und mit Sitzbänken. Sie wandern nach rechts in den Wald und am **Burgberg** entlang zum Waldrand.

Dort gehen Sie nach links zum **Grillplatz Naumburg** mit Picknicktischen. Überqueren Sie den großen Parkplatz und folgen Sie dem Schotterweg zurück zum **P Wanderparkplatz Burghain**.

H9: Auf den Höhen des Steigers (Extratour Volkmarsen)

10,1 km, 3 Std., 174 m, 174 m, 187-321 m

0,0 km	295 m	Wanderparkplatz Steigerpfad P
2,2 km	264 m	Steigerhütte
3,3 km	274 m	Wanderparkplatz Wittmarwald P
5,4 km	209 m	Waldschneise
6,3 km	243 m	Kugelsburg P
8,9 km	321 m	Hoher Steiger
10,1 km	295 m	Wanderparkplatz Steigerpfad P

P Wanderparkplatz Steigerpfad westlich von Breuna, am Feldweg in Verlängerung des Lerchenwegs,

Volkmarsen Bf. (1,8 km bei km 5,7)

Bus 120, 130 „Breuna Stadtpfad" (1,9 km bei km 0), Bus 130, 505 Volkmarsen Bf. (1,8 km bei km 5,7)

Die Kugelsburg

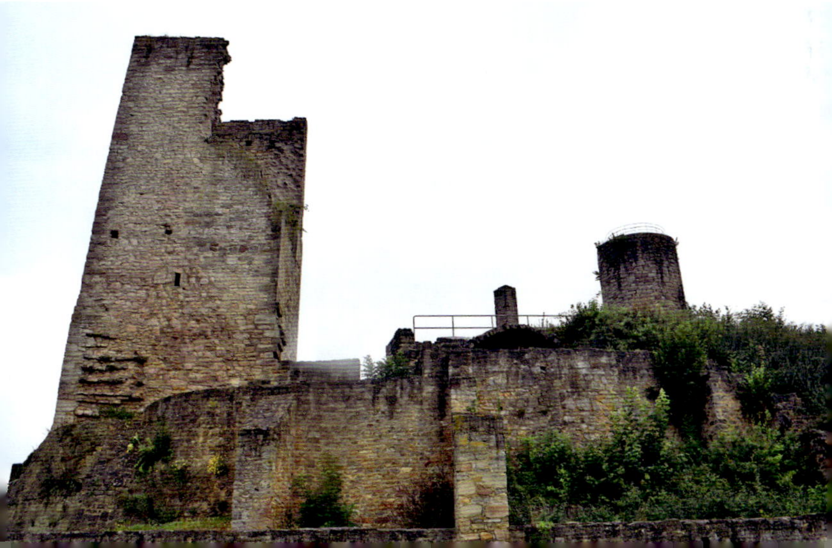

Die jüngste Extratour wurde erst Ende 2021 angelegt. Zwischen Breuna und Volkmarsen wandern Sie durch das Große Rhöder Holz zur Kugelsburg. Der Weg führt über die bewaldeten Kuppen des Hohen Steigers, des Essebergs und des Kugelsbergs.

Vom Wanderparkplatz folgen Sie dem Wirtschaftsweg in den Wald und über die **Autobahnbrücke** (A44). Dahinter gehen Sie an der Gabelung auf dem linken Pfad zu einem Forstweg, diesem folgen Sie nach rechts.

Nach etwa 100 m gehen Sie am Ende einer Lichtung geradeaus weiter. Merken Sie sich diese Stelle, denn auf dem Rückweg kommen Sie von links zurück. Hinter der großen *Rodungsfläche* gehen Sie ebenfalls geradeaus weiter, nehmen hier also den schmaleren der beiden Forstwege. Wenn er nach rechts abbiegt, folgen Sie der Rückegasse noch für etwa 10 m, dann können Sie auf der linken Seite einen unscheinbaren Pfad durch die Dickung erkennen.

Folgen Sie diesem gut 150 m zu einer Einmündung von links. Dort gehen Sie weiter geradeaus auf einem Höhenweg unterhalb des Hohen Steigers, hier treffen Sie auf eine erste Tafel des **Waldlehrpfades Hoher Steiger**, die Sie auf der gesamten Wanderung begleiten werden.

Die Steigerhütte

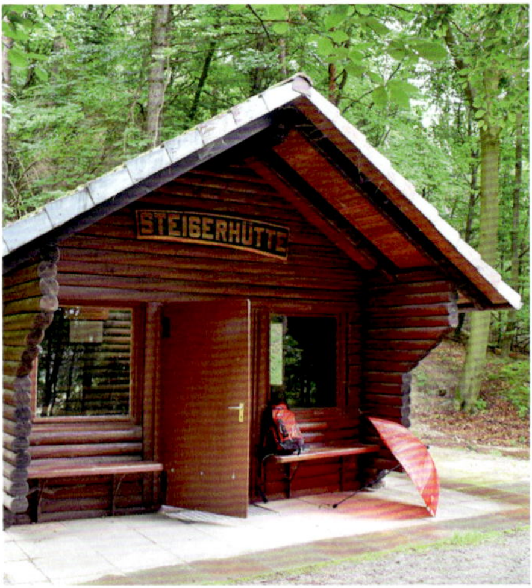

Auch an der Wegkreuzung mit dem Grenzstein wandern Sie noch geradeaus auf dem Kammweg weiter. Er führt hinab zu einem Forstweg, diesem folgen Sie nach links und durch zwei Kurven bis zur ⌂ **Steigerhütte ❶**. Eine große Anzahl von ⩪ Tischen und Bänken in und vor der Hütte bieten auch größeren Gruppen Platz.

Hinter der Steigerhütte verlassen Sie den Wald und folgen dem Weg nach links. Zunächst führt er mit Gras bewachsen am Waldrand entlang, sobald es bergauf geht, spendet der Wald wieder auf beiden Seiten des Weges seinen Schatten. Wenn der Weg wieder ebener wird, bleiben Sie geradeaus auf dem Baumlehrpfad. An einer besonders liebevoll gestalteten **Infotafel** können Sie 16 verschiedene einheimische Holzarten vergleichen.

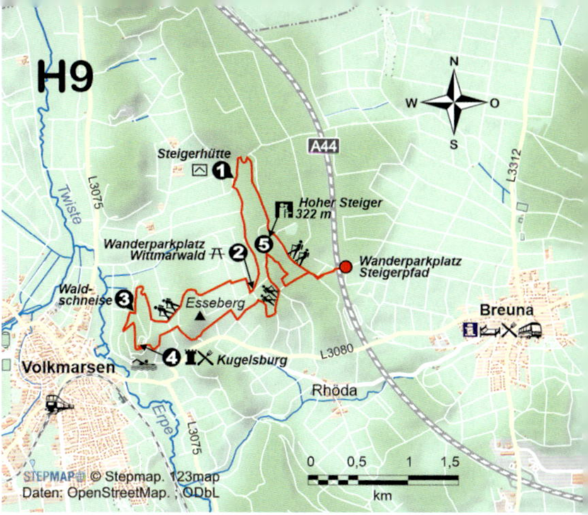

Sie erreichen den P **Wanderparkplatz Wittmarwald** ⛩ ❷, dort wandern Sie geradeaus aus dem Wald hinaus. Hinter dem letzten Baum biegen Sie rechts in den Feldweg ein. Nach knapp 150 m halten Sie links auf den bewaldeten Esseberg (280 m) zu. Folgen Sie dem geteerten Weg für 20 m nach rechts, dann gehen Sie nach links wieder auf den Esseberg zu.

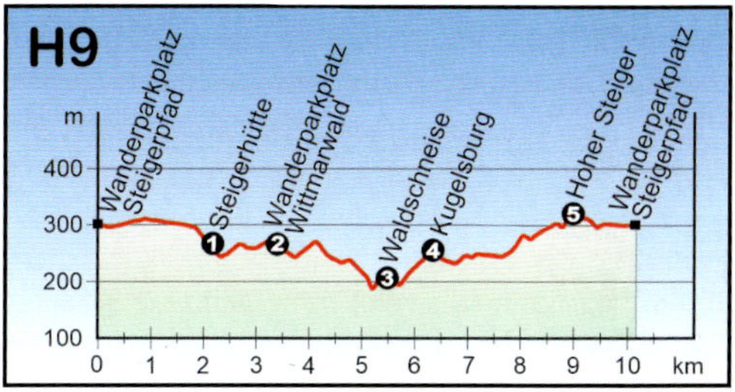

Am Waldrand wandern Sie zunächst nach rechts. Der Weg führt nach etwa 50 m links in den Wald und führt in einem weiten Bogen um den **Esseberg**. Am Waldende gehen Sie geradeaus zu einem Sträßchen und dort halb rechts bergauf zum Waldrand des Kugelsbergs.

Folgen Sie dem Pfad durch hohes Gras am Waldrand entlang, er wird zum Waldweg und macht einen Linksbogen zu einer T-Kreuzung. Hier laufen Sie nach links. Sie überqueren die **Schneise** einer ehemaligen Skipiste ❸ und wandern auf dem Waldweg bergab. Noch vor dem Feld bleiben Sie links auf dem Weg am Waldrand. Hinter der Lichtung mit den vereinzelt wachsenden Haselnusssträuchern gehen Sie scharf links auf dem Forstweg bergauf und folgen ihm durch eine Rechtskurve. Der Weg führt nun gut 250 m geradeaus, dann um die ♜ **Kugelsburg** ✕ ❹ herum.

Restaurant Zur Kugelsburg, www.kugelsburg.de, mit Biergarten, bei gehisster Flagge und schönem Wetter Do, Fr 17:00 bis 21:30, Sa 11:00 bis 21:30, So 11:00 bis 18:00

Die Kugelsburg ist das Wahrzeichen der Stadt Volkmarsen. Sie wurde Ende des 12. Jh. gebaut. Der Abt Widukind von Corvey wollte damit den Übergang über die Twiste sichern und damit den Expansionsbestrebungen des Mainzer Erzbischofs die Stirn bieten. Im 14./15. Jh. fiel die Burg an Kurköln. Sie wurde im Dreißigjährigen Krieg (1618-1648) und im Siebenjährigen Krieg (1756-1763) mehrfach geplündert und gebrandschatzt. Nach dem Abzug der französischen Truppen diente die Ruine als Steinbruch. Der quadratische Wohnturm und der runde Bergfried sind noch gut erhalten.

Der Scharfe Stein

Südwestlich der Burgruine ragt eine spitze Felsklippe steil aus dem Berghang heraus. Das ist der Scharfe Stein, er besteht aus Trochitenkalk. Der Sage nach dreht er sich am Karfreitag zur Mittagszeit, weil zur gleichen Zeit bei der Kreuzigung Jesu die Erde bebte.

Einer Mädchenklasse aus dem benachbarten Warburg war wohl erzählt worden, dass der Scharfe Stein sich beim Mittagsläuten am Karfreitag drehe. Voller Erwartung warteten sie auf der Erpebrücke auf das Schauspiel. Doch der Stein drehte sich nicht. Dies wiederum führten sie darauf zurück, dass die Glocken nicht läuteten. Keine von ihnen hatte daran gedacht, dass die Kirchenglocken an diesem Tag nach der christlichen Überlieferung nach Rom reisen.

An dem WC-Gebäude, noch vor dem P Burgparkplatz, gehen Sie nach rechts und nehmen an der Gabelung den linken Weg. Er biegt an einem **Bogenschießstand** leicht nach rechts ab, macht auf der Anöhe einen Linksbogen und trifft nach einem Gefällestück auf einen anderen Grasweg. Auf dem Hang wachsen Haselnuss und Wacholder.

Am Ende der Hecke folgen Sie dem nach rechts führenden Weg, der erneut den Wirtschaftsweg kreuzt und Sie zurück zum **Esseberg** bringt. Auch auf dem Rückweg müssen Sie nicht bis zum höchsten Punkt des Berges steigen, diesmal werden Sie südlich um den Gipfel herumgeführt. Dazu gehen Sie am Waldrand auf dem Forstweg nach rechts. Vor einer Rechtskurve halten Sie auf der linken Seite Ausschau nach einem kaum zu erkennenden Pfad, der Sie den gerodeten Hang hinauf bringt.

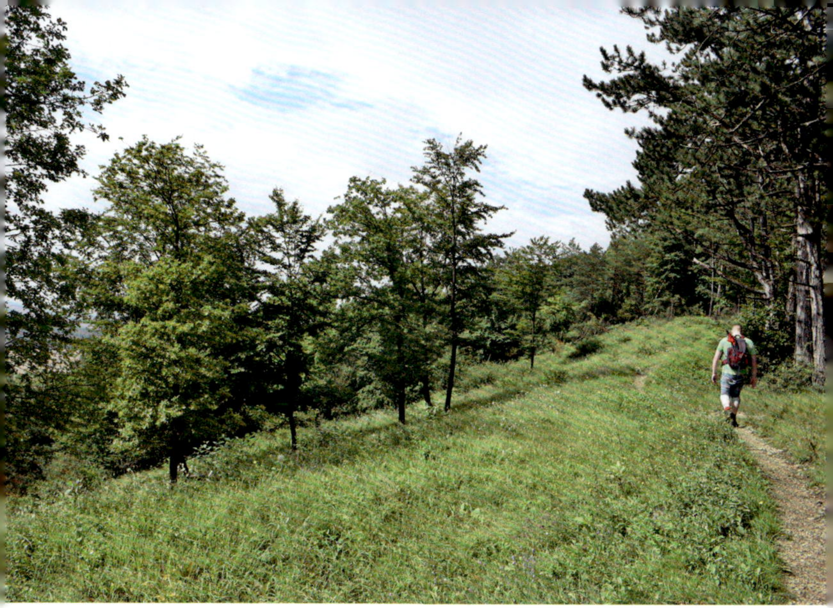

Der Bergpfad auf dem Hohen Steiger

Auf halber Höhe zwischen der L3080 und dem Waldrand laufen Sie nun an einzelnen Bäumen vorbei zu einer Feldwegkreuzung.

Gehen Sie dort weiter geradeaus bis zu einem geteerten Wirtschaftsweg, diesem folgen Sie nach rechts. Er macht eine Rechtskurve, hier folgen Sie dem Feldweg nach links zum Waldrand. Sie wandern auf einem nach rechts führenden Pfad bergauf durch den Wald und entdecken wieder zum Waldlehrpfad gehörende Tafeln. Ab der **Eberesche** geht es flacher weiter, zum Teil sogar etwas bergab.

Hinter der Lichtung laufen Sie wieder bergauf und kommen an einer weiteren Lichtung zu einer Pfadkreuzung. Hier folgen Sie dem (im Sommer zugewucherten) Grasweg nach links bis zu einem Grenzstein. Dort treffen Sie auf einen Waldpfad und gehen geradeaus weiter. Auf diesem schönen Bergpfad wandern Sie bis zum Aussichtspunkt auf dem **Hohen Steiger** (322 m) ❺.

Gehen Sie etwa 30 m zurück und nehmen Sie an der Gabelung den nach links führenden Waldlehrpfad. An der T-Kreuzung wandern Sie nach links zu dem Forstweg an der Lichtung, die Sie bereits vom Hinweg kennen (Sie kamen von rechts und gingen nach links). Folgen Sie dem Weg nach rechts an der Lichtung entlang und nehmen Sie dahinter den bereits bekannten Pfad zurück zur Autobahnbrücke und zum Startpunkt.

Index

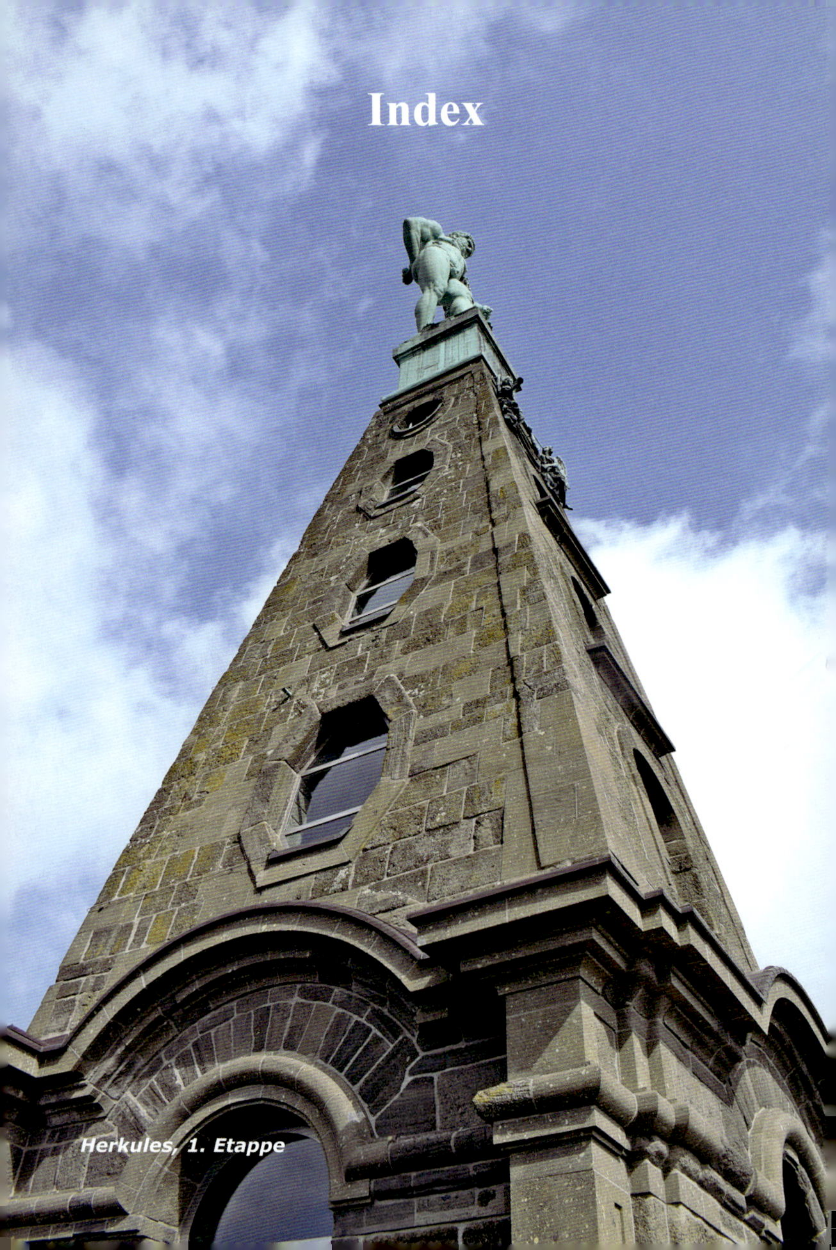

Herkules, 1. Etappe

A

Abreise 15
Ahle Wurscht 16
Alpenpfad 36, 82, 88
Altenburg 106
Anreise 15
Ausrüstung 15

B

Bad Emstal-Balhorn 57
Bad Emstal-Sand 55, 104
Bielstein 119
Blaue Steine 34, 84
Breitenbach 50, 97
Breuna 31
Burg Blumenstein 86
Burg Falkenstein 52
Burg Nydensteyn 102
Burgberg der Naumburg 56, 64, 120
Burgberg der Schauenburg 48, 52, 96

C/D

Chatten 13, 99
Dörnberghuten 36

E/F

Ederseetalsperre 75
Einkaufen 16
Elbetal 60
Engels Ruh 54, 107
Essen 16
Extratouren 17
Fauna 12
Feiertage 17
Firnsbach 47
Flora 12

G

Gästekarte 17
Geld 17
Geografie 12
Gepäckservice 18
GPS 19
Großer Schreckensberg 34, 83

H

Habichtswald 11
Habichtswald-Dörnberg 39
Habichtswald-Ehlen 39
Habichtswaldsteig 13
Helfensteine 37, 87
Hemfurth-Edersee 76
Herkules 42
Hessenturm 101
Höllchen 91
Hoof 49, 96
Hugenottendorf Leckringhausen 111
Hunde 18
Hutebäume 41

I/K

Information 18
Internet 22
Ippinghausen 110

K

Karten 19
Kassel 93
Kassel-Bad Wilhelmshöhe 43
Kellerwald 12
Kinder 20
Klima 20
Kugelsburg 123

M

Märchenrastplatz am Silbersee 41, 92
Märchenrastplatz Himmelsschaukel 59
Märchenrastplatz Junger Riese 60, 114, 118
Märchenrastplatz Landschaftsrahmen 73
Märchenrastplatz Landschaftsthrone 48
Märchenrastplatz Pfeifenwippe 51
Märchenrastplatz Traumliegen 79
Märchenrastplätze 21
Martinhagen 98
Medizinische Versorgung 22

N

Naturschutzgebiet Hengstwiese 58
Naumburg 64, 115, 120
Naumburg-Altenstädt 59
Neuholland 44
Niedenstein 53
Notruf 22

O/P

Ostwaldecker Randsenken 12
Post 22

R

Radfahren 23
Reisezeit 20

S

Scharfer Stein 124
Schauenburg 48, 96
Schauenburg-Breitenbach 50, 97
Schauenburg-Hoof 49
Sengelsberg 69
Silbersee 41, 92
Steigerhütte 122
Steigerpfad 121

T

Telefon 22
Trinken 16

U

Umweltschutz 23
Unterkunft 23
Updates 25

V/W

Verkehrsmittel 25
Waldeck 70
Waldecker Wald 12
Wanderpass 27
Wanderpauschalen 28
Wanderrichtung 29
Wegbeschreibung 30
Wegmarkierungen 29
Wegumleitungen 29
Weidelsburg 61, 114, 118
Wolfhagen 61
Wolfhagen-Ippinghausen 60
Wolfhagen-Leckringhausen 61
Wolfhager Stadtwald 112

Z

Zeit 29
Zierenberg 33, 88